JN060446

復刻版
タレント帝国
芸能プロの内幕

竹中　労 著

あけび書房

復刻版 タレント帝国――芸能プロの内幕――／目次

タレント帝国

——芸能プロの内幕——

芸能プロとは何か

こんにち、私たちの国の風俗は、テレビ時代・芸能時代といわれるマス・コミュニケーションの繁栄のうちに、精神の荒廃を限りなく生みだしていく——。

人びとは、レジャー文化、マイ・ホーム主義という日常の安穏に陥没し、それが、アメリカ製の〝擬制の幸福〟であることに気づかない。また、気づいていたとしても、現状を打破しようとする変革の志向は、ほとんど去勢されている。

とりわけ、主婦と子供たちは、〝虚像のメディア〟であるテレビを通して思考し、思考を停止・することに馴らされ、その情緒も、願望も画一化されていく。団地に象徴される市民生活のステレオ・タイプ（類型）は、マス・コントロールをいっそう容易にする。

かくて、現代は個性喪失の時代である。そのような世相、そのような人心をつくりだしたものは何か……？　一口にいうならば、それはアメリカの植民地文化政策がもたらした、民族自律失調の姿である。

一九五九年、米上院外交委員会における『コンロン報告』によれば——、「ニッポンのどの地域にも、テレビの及ばないところはない。まんべんなく、しかも急速に、われわれの思想は伝播し得るのである。ニッポンの文化が変形をとげながら画一化されたものとなり得るのは、こうした理由からである。

変化は多くアメリカナイズの方向にむかい、それは、日用品、嗜好品、流行、大衆音楽等のひろい分野にわたっている。われわれは、アメリカの大衆娯楽を、ニッポンの一般大衆に、より広はんに、彼らの支払い得る価格において提供しなければならない。野球と、ポピュラー・ミュージックは、さらに開発すべき、アメリカの二大輸出物である」

私たちは、こうしたアメリカ支配階級の考え方を、〝文化的植民地主義〟と、まず規定しよう。その毒が、どのような経過をたどって、私たちの国を侵蝕していったかを、このレポートは明らかにする。

〝芸能プロ〟は、戦後占領政策の腐った土壌から生まれ、アメリカ文化を日本の庶民社会に媒介することによって、そのテリトリー（なわ張り）をひろげた。占領軍のキャンプまわりの楽師であった渡辺晋と、米軍への芸能人あっせんを業としていた両親を持つ曲直瀬美佐が、夫婦というキズナで結ばれ、こんにち、芸能界の〝魔王〟と呼ばれるナベ・プロ（渡辺プロダクション）を主宰して、猛威をふるっているのは、決して偶然ではない。

かれらは、かって占領文化政策の忠実なエージェントであったごとく、いま、権力体制に奉仕して「遊びを通しての支配」――文化的愚民政策を代行している。ブラウン管に、ナベ・タレと通称される渡辺プロダクション所属のタレントかくりひろげる〝白痴番組〟は、太平ムード、繁栄ムードが、永遠につづくかのような幻想をあたえ、庶民社会に潜在する〝反体制〟のエネルギーを、末梢的な笑いや、感傷的な歌声でマヒさせ、拡散してしまう。

高度成長経済、消費革命は、大衆の間に心理的飢餓感をもたらした。繁栄の中の不平等、月賦貧乏、収入と購買欲のアンバランス、……そうした〝パラダイス日本〟の虚構を、おおいかくすのが、芸能・娯楽を通じての愚民政策である。代議士の汚職より、スターの愛情問題に関心を持つような判断中止の状況に民衆をおくこと。芸能ブームは、いちめん庶民大衆のフラストレーションが拡大しつつあることを物語り、反面その不満がマス・コントロールされて解消していくことを意味するのである。資本主義の矛盾の中で、〝芸能プロ〟がはたしている役割りは、そのようなものである。

私たちは、芸能プロダクションの現状……わけても、テレビ、映画、舞台に、最大の市場占有率を誇るナベ・プロの実態を、可能な限り調査し、分析してみたいと思う。

「五厘」から〝芸能プロ〟へ

スターとは何か？　ということから解説しなければ、芸能プロダクションの本質はあきらかにならない。上原謙をインタビューしたとき、彼はしみじみと、いった。「……セガレをみていると、われわれの時代は終ったなと思いますよ」

セガレとは、加山雄三である。むかしのスターは、もし彼が（上原のように）映画俳優であれば、映画に出ていさえすればスターの座を維持できた。ときたま舞台に立つことはあっても、これは、実演とかアトラクションとか呼ばれる〝余技〟であった。高峰三枝子のように、レコード歌手としても成功した例もあるが、ごくまれだった。

ところが、今日のスターたるもの、そのようなノンビリしたことでは通用しない。たとえば、加山のばあいは、映画スターである。レコード歌手である。作曲家である。ホテル経営者――実業家である。スポーツ万能選手である。その他、もろもろである。現代のスターとはそういう存在である。役者一筋では経営がなりたっていかない。

吉永小百合も歌手兼業であり、高倉健も同様である。座頭市・勝新太郎もレコードを吹きこんでいる。しかも、コマーシャルという〝アルバイト〟がある。

三船敏郎「飲んでますか?」、森繁久弥「キャベジンはいかがかな、ご同輩?」、美空ひばり「キンチョーです」。かくてスターは〝便利屋〟と化して、朝、昼、晩、四方八方をとびまわる。したがって、マネージャーという〝調整係〟を置かざるを得ない。スケジュール(日程)を組むだけでも、大変な仕事である。売りこみ、かけひき、ギャランティのつりあげ、宣伝、スキャンダルのもみ消し等々に、マネージャーのラツ腕は発揮される。タレントの浮きしずみは、そのマネージャー次第だといわれる。

戦前の芸能界では、マネージャーは「番頭」と呼ばれていた(いまでも歌舞伎や新派などの古い俳優社会にはその呼び名が残っている)。彼らは単なる使用人であり、スターに従属していた。関西地方では「五厘」(ケチな歩合稼ぎという意味)と蔑称され、職業の中でもきわめて卑しいものとされていた。

いわゆる〝芸能プロ〟の発生は、日本の軍国主義が強大となり、満州、中国から、南方(東南アジア)、太平洋と戦火をひろげていく過程と見合っていた。軍の恤兵部(じゅっぺいぶ)[*1]から委託されて、戦地、もしくは軍需工場への〝慰問団〟を組織する芸能社が簇出した。それ以前にも、いわゆるドサまわり(地方巡業)の興行社はあったが、それらはもっぱら自前の実演興行や〝芝居小屋への芸人のあっせんを主たる業務としていた。

俗にいう親方日の丸(ガバーメント・スポンサー)は、軍部や商工省等の国家権力機関の御用をつとめることで、ブッキング・エージェント(出演契約代理業)としての〝芸能プロ〟は、軍国主義とともに興隆した。

悪徳軍人や係官と結託して、芸能社が暴利を博した実例を、ここで具体的にあげる必要はあるまい。ただワイロと饗応は日常茶飯であったことを、読者は記憶にとめておいていただきたいと思う。戦中の〝親方日の丸〟は、すなわち、戦後のテレビ局と〝芸能プロ〟の関係である。担当者(プロデューサー、ディレクター)、ジャーナリスト、評論家等へのワイロや饗応もまた、同じ図式の踏襲である。

太平洋戦争が終ると、たちどころに占領軍あいての芸能人あっせんを行う芸能社が発生続出した。占領七年間、一九五二年の講和条約発効まで、アメリカ軍隊に寄生する形で、(私たちの調査によれば)百七十をかぞえる〝芸能プロ〟がGHQスペシャル・サービス(恤兵部)と芸能人の出演契約をむすんでいた。

ナベ・プロの副社長渡辺美佐の父親である曲直瀬正雄も、占領軍あいての芸能プロダクション(オリエンタル芸能社)を、仙台で経営していた。参考のために、[**表1**]をかかげておく。一九六七年十二月現在、在日米軍クラブは、東京近郊だけで、別表のとおり約四十をかぞえる。

[表1] 東京周辺の米軍基地・クラブ

	米軍キャンプ名	クラブ数	
ARMY	座間※	3	OC.NCO.病院のNCO
	朝霞※	2	OC.NCO
	相模原	1	
	岸根（横浜）	1	
	王子	1	
	戸塚	1	
	SANDSクラブ	1	CV
	山王ホテル	1	OC
AIR FORCE	横田※	3	
	ジョンソン（飯能）※	2	
	立川※	5	OC. NCO(2). AM. CV
	府中※	3	
	グランド・ハイツ（成増）	2	
	グリーン・パーク（三鷹）	2	
	大和	1	
NAVY	横須賀※	4	
	横浜	2	
N. A. S	厚木※	3	
	上瀬谷	3	
	木更津	2	

OC；OFFICER CLUB（将校クラブ）
NCO；NON-COMMISSIONED OFFICER（下士官クラブ）
AM ；
EM ；兵隊クラブ
CV ；CIVILIAN CLUB（軍属クラブ）
N. A. S；NAVY AIR STATION（海軍の飛行場）

（註）
1．この他にも米軍キャンプはいくつかあるが，クラブを持つキャンプは大体上記の通りである。
2．※印は基地，その他は軍人の宿舎又は軍人の家族がいる所。
3．クラブ数二つの所はOCとNCOと思って間違いない。
4．軍属とは基地で働く民間人のことで，その人たちのクラブをCVという。CVはSANDS CLUB（Stars and Stripes）と立川との二つだけである。
5．表には書かれていないが，この他にサービス・クラブがある。これはお茶とケーキだけで酒が一切出ず，兵隊は誰でも無料で入れる。この費用は，スペシャルサービスが慰問費という形で全額負担，レッド・クロス（赤十字）で管理している。サービス・クラブのない所はOC. NCO. EMクラブに補助金を出している。だが他のクラブの様に独立採算制でないために，現在は目立った活動はしていない。
6．山王ホテルは都内で接収解除にならない唯一のホテルで日本人は宿泊出来ない。

米軍キャンプまわりの芸能人から、雪村いづみ、江利チエミ、ペギー葉山、フランク永井、アイ・ジョージ、松尾和子などのスターがうまれ、かれらをプロモートした〝芸能プロ〟や、将校クラブの支配人などから、〝呼び屋〟という職業が派生した。渡辺晋もやはり、キャンプまわりのベース奏者だった。

元ジョンソン基地（朝霞）将校クラブ・マネージャー永島達司は、キャノン機関の一員だったアルフォンゾ・シャタックと組んで、呼び屋の草分けとなった。永島は現在、ナベプロ系列の大洋音楽出版株式会社の共同経営者であり、一九七〇年ＥＸＰＯ（万国博）には、渡辺プロダクションと提携して、外人タレントによる芸能催物のプロモートを一手に独占しようとしている。

番頭――「五厘」からマネージャーへ、さらに芸能プロダクションへと、芸能界を牛耳る陰の〝実力者〟は力をたくわえ、発展してきた。そして、テレビ時代の開幕である。マネージャーとスターの地位は、逆転してしまった。たとえばナベ・プロは、その傘下に十の株式会社、一つの学校法人をおさめ、〝契約タレント〟二百四十人を擁する巨大な組織を誇示している。

芸能プロダクションは強大な影響力をテレビ、映画、レコード界にひろげ、その領域をさらに拡張しつつある。新興勢力としては関西から擡頭してきた西野バレエ団があり、業界の怪物として知られる太平洋テレビの清水昭がいる。

それらの芸能プロダクションでは、タレントはマネージメントを掌握する経営者に、逆に従属させられている。ハナ肇も、ザ・ピーナッツも、谷啓も、金井克子、由美かおるも、太平洋テレビと〝終身契約〟をしたといわれる。アイ・ジョージも、けっきょくプロダクションに拘束され、あやつられるスター・タレントにすぎない。てっとりばやくいえばスターは商品である。

スター誕生の楽屋裏

〝芸能プロ〟は、スターという価値ある商品を製造販売して、利潤を得ようとする経営体であり、その事業内容は〝投機〟の性格を持っている。もし、スターをつくりだすことに成功すれば、一獲千金も夢ではない。ドサまわりの豆歌手――加藤和枝をスカウトして、天下の美空ひばりに仕立てあげた福島通人（新芸プロ）の例もある。公衆浴場で唱っていたのを、劇評家の安藤鶴夫がスカウトしたという舟木一夫は、いまや人気ナンバー・1。映画出演料は史上最高の八百万円といわれる。舟木の所属するプロダクション（第一共栄）は、わが世の春であった。

金のカマを掘りおこす……、というタトエがある。〝芸能プロ〟繁栄の秘密は、スター製造のからくりと、密接にかかわっているのだ。

私たちはあえて、からくりという。なぜなら、〝芸能プロ〟の商法とは大衆を癒着して虚像を売り、幻影を売る、一種の詐術であるからだ。

新聞社の文化部には、毎日のように、〝耕人〟と称する若いタレントをともなって、宣伝部の連中や、マネージャーが挨拶に社にやってくる。たいていは垢ぬけない、そのへんでソバ屋の出前持ちをやっていたら似合いそうな、男の子であり、女の子である。出前持ちを軽蔑して、いうのではない。彼らは素朴で、おずおずしていて、話すと地方のなまりがあったりする。いちおうミニ・スカートをはかされたり、ミリタリー・ルックであったり、かっこうだけはいかにも当世風だが、シンは集団就職の中学生とすこしも変わらない。

中には、すれた感じの新人もいる。そういう手合は、キャバレー出身か、テレビの素人・ものまね番組荒らしでなければ、ジャリ・タレ（子供タレント）のなれの果て……といった具合で、芸能界の泥水がすでに身にしみついているのである。が、それにしても、彼らには世間に対するおびえのようなものがある。デビューしたばかりの布施明、森進一、扇ひろこ、黛ジュンなどはかりてきたネコのようにひたすら謙虚であった。

ところが三ヵ月もたつと、それらの新人たちはがらりと変貌してしまう。変貌は女性においてとくにはなはだしい。赤坂や六本木近辺の深夜スナックで、テレビのディレクターなどといわくありげによりそっている姿がよく見かけられる。マネージャーが一緒のばあいもあり、そうでないばあいもある。

歯にキヌを着せずにいえば、番組出演のコネをつけるために肉体を提供するのは、女性のタレント（新人ばかりではない）にとってめずらしいことではない。

テレビ局の近所の喫茶店、レストランへ行くと、タレント・スカウトや青空マネージャー（事務所のない芸能ブローカー）がたむろしてコネをもとめている。大手の〝芸能プロ〟に新人を売りこむ、発掘屋という商売もある。

だが、金のカマは、そうざらに転がっていないのである。発掘され、売りだされた〝商品〟が一獲千金の夢をみたしてくれるかというと、それは何十人、何百人に一人である。美空ひばり、舟木一夫などという鉱脈には、滅多にぶつかるものではない。

にもかかわらず、次から次に〝新人〟が芸能界に送りこまれるのは、スターにあこがれる若ものたちが後をたたず、それらのタレント志望の若ものたちの〝需要〟がテレビ、映画、レコード、その他の〝芸能産業〟に恒常的にあるからである。

六つのチャンネルをまわせば、どこでも歌ったり踊ったりしている国など、アメリカをのぞけば世界のどこにもない。昨日までソバ屋の出前をはこんでいた少女が、タイツ姿のカバーガールに変身しても、なんの不思議もない一億総タレント化の日本である。

まずしい庶民階級の子女が、ある日芸能界にデビューして富と栄光を手に入れるという、今様シンデレラ――スター誕生の〝神話〟は戦前のアメリカ映画のテーマだった。そして、現実にもそれはあり得ることであった。山田五十鈴、高峰秀子、森光子などは、悲惨な家庭の事情から映画女優の道をえらんだ。戦後に例をとれば、有馬稲子、岡田茉莉子、若尾文子等々である。芸能界は、底辺の子女がたった一つ、〝下剋上〟の志を果すことができる場所であった。

そして、マリリン・モンローが過去に売春の経験まであることを告白しながら、「でも、私は撮影所の門をくぐるためには身を売らなかった」といいきり、あるいは山田五十鈴がプロデューサー滝村和男との結婚を、「女優としての打算があった」とみずから恥じる心意気が――きびしい女優のモラルがあったのである。

むろん、スキャンダルもあり、破廉恥な私生活に身をほろぼしたスターもあった。だが、すくなくとも（それが暗い封建的な時代であったからなおさら）、〝人間〟としての強い自己主張が、戦前の芸能人にはあった。

こんにち、私たちは、そのようなモラルを、芸能界にはほとんど発見できないのだ。ナベ・プロに所属する、少女タレントが、ブルーフィルムを〝鑑賞〟して警察につかまった事実がある。芸能記者の一人が、その少女タレントを取材すると、「プライバシーのことじゃないの、名誉キソンで告訴される（ナベ・プロにという意味だろう）わよ」と、ひらきなおられた。

そのような事実は枚挙にいとまない。しかも、〝芸能プロ〟と特殊なコネクションをむすぶ芸能ジャーナリズムは、これらのタレントを美談のコロモでつつみ、いかにも清潔なイメージの虚像をつくりあげ、あるいは文字通り子供だましの軽佻なゴシップを、テンプラのごとく製造してファンを瞞着するのである。

かくて、有名人、スターとなり、街角でふりかえられる存在となるためには、タレントは平気で男と寝たり、虚偽の履歴をジャーナリズムにれいれいしく発表したり、PR用のヌード・カレンダー（もちろん自分自身の裸体である）をバラまいたり、妻子のあることをかくしたり、肩からおのれの芸名を大書したタスキをかけて歩いたり……することになる。

テレビ時代の芸能界は、〝ソドムとゴモラ〟である。汚れた虚栄の市場に、魂を売った〝人間商品〟は売買され、タレント志願の若ものは、彼らがもはや人間ではないものと化し、いわば消耗品としてあつかわれていることに気づかない。そして、そのマーケットを支配しているのが、〝芸能プロ〟である。極言すれば、そこには、現代の奴隷制度がある——。

管理されるタレントたち

車英二という〝新人〟の月給は、二万円である。最近人気の高い森進一、彼はついこのあいだまで月給五万円、ナベ・プロの収奪に反抗し、他のプロダクション（木倉事務所）に脱走しようとしたが、〝芸能プロ〟同士の話し合いで森はナベ・プロに帰り、実演興行権だけを木倉事務所がとる、ということで森自身の意志をぬきにして妥協が成立した。

藤木孝の場合は、

「（ナベ・プロから）ボクがもらっていた給料はいちおう月給という形でしたが、昭和三十六年十月から三十七年二月まで月に五万円、三月は別にポケットマネー十万円、四月と五月には二十万円平均でした」

映画一本百万、実演日立て三十万円といわれた人気絶頂のときである。月給についてだけではなく〝芸術上〟の不満もあったというが、ともかく藤木孝はナベ・プロをとびだして、にんじんくらぶ（若槻繁）に移籍し、呼び屋の一方の雄であった樋口久人、NTVの井原高忠、演劇プロデューサー吉田史子、音楽評論家の大橋巨泉らのバック・アップでミュージカル集団〝ハイ・ノーズ〟を結成した。

ナベ・プロは、藤木孝を、テレビ、映画、ジャズ喫茶からパージしようとして、あらゆる手段をろうした。御用ジャーナリズムを動員して〝発狂説〟まで流し、松竹首脳部に圧力をかけて、藤木の映画出演を妨害した。

けっきょく、ハイ・ノーズの最大の資金バックであった樋口のスワン・プロモーションが破産して、アンチ・ナベプロの構想はくずれ、藤木孝は芸能界からほうむり去られた。マナセ・プロ（曲直瀬正雄）から独立した森山加代子のばあいも同様であったし、森進一もナベ・プロの〝制裁〟をおそれて、もとのサヤに戻らざるを得なかった。

私たちは、十代、二十代前期の若いタレントにとって、五万円、あるいは二十万円という収入が妥当であるか否かを、論じようとしているのではない。〝芸能プロ〟による、恐るべき収奪と支配のシステムを明らかにすることが、このレポートの目的である。

ミドル・ティーンの少女たちから、圧倒的に支持されているザ・タイガースを例にとれば、彼らの月間の水揚げは、どんなに低く見積っても一千万円以下ということはあり得ない。しかるに、ナベ・プロが彼らに支払っているギャランティ（月給）は、五万円程度の小づかいにすぎない。

職業安定法第三十二条第一項但し書によれば、「美術、音楽、演芸ソノ他特別ノ技術ヲ必要トスル職業」に従事するものの職業紹介事業については、労働大臣認可により、有料のエージェントを行うことが許されている。ただし、同法の施行規則別表第二の規定により、営利を目的とする紹介事業者は、タレントの収入の十パーセント以上を取得してはならないのである。

そうした法的規制があるのに、どうしてすさまじいタレント収奪が可能であるかということについては後段でくわしく解説しよう。結論だけをいえば、それは関係官庁（労働省）の故意による怠慢である。〝芸能プロ〟の収奪を庇護する〝政治力〟がはたらいているにちがいないという確信を、私たちは取材の間に次第に深めていった。

また、社会党などの反体制陣営にも、芸能界に対しての決定的な認識不足がある。取材のしめくくりにあたって、私たちは、社、共両党の見解を求めた。すると、社会党のYという議員は、「諸外国には芸能人のための特別の法律があると思うので、国会図書館でよく調べた上で、日本でもそのような立法化をすすめたい」と答えた。

いわゆる〝先進国〟では、芸能人はすべて労働者とみなされ、ユニオン（職能組合）によって保護されている。社会保障、団体交渉権、就業権、罷業権、なべて労働者の権利と同断である。「特別の法律」などというものは、どこにもないのだ。革新政党の国会議員ですら、タレントは労働者に非ずという感覚で芸能界をみているのが日本の現実である。

さて、芸妓に〝置屋〟[*2]があり、タレントには〝芸能プロ〟があるといったら、渡辺晋・美佐をはじめ、芸能プロダクションの経営者たちは激昂するだろう。だが、事実そうなのである。一九六二年七月、伊東ゆかり（中3）中尾ミエ（高1）は、新宿精華学園から退学を勧告された。伊東ゆかりのばあい、義務教育であるにもかかわらず、六一年十二月、都内立正中学から転入した、後ほとんど全日欠席という状況である。学籍簿によれば、ゆかりは目黒の〝渡辺家〟に寄宿して、そこから通学していたが、〝保証人〟である渡辺晋・美佐夫妻は、いちども学園に顔を出したことがない。また、プロダクションの職員もあらわれていない。彼女の教育は、義務教育であるにもかかわらず放置された。むろんその間、ゆかりがフジTVの「スパーク・ショー」などにレギュラー出演していたことは、かくれもない事実である。

23頁の［**表2**］をみていただきたい。「芸能の精華」といわれるほど、タレント入学率が高い精華学園の在籍者の中から、目ぼしいものをひろってみた。

まともに卒業したのは、高野通子、美空ひばりの二人だけ。とくに、ひばりは仕事先の京都で期末試験をうけたり、学芸会の主役を演じたり、向学心の強い生徒であったという。ひきかえてナベ・タレをみると、就学の意志がないとしか思えない。いくら、芸能の精華でも、退学を勧告されるのが当然である。教育基本法第四四条によれば、国民はすべて「ソノ保護スル子女ニ九年ノ普通教育ヲ受ケサセル義務ヲ負ウ」また労働基準法の第五十六、七条には映画製作・演劇事業に従事する〝年少者〟について、使用者は「修学ニ差シ支エナイコトヲ証明スル学校長ノ証明書、オヨビ親権者マタハ後見人ノ同意書ヲ必要トスル」……とある。

ナベ・プロはそれらの法律に背反し、未成年、学齢のタレントを、義務教育すらあたえずに酷使している（タレント自身が、それを酷使と自覚しているか否かは別問題である）。〝芸能プロ〟は、未成年の少女タレント（花柳界でいえば半玉、舞妓）を拘束して、ＴＶ、映画、舞台（お座敷と称する）に出演させ、そのギャランティ（花代、線香代）をピンハネする。すなわち、〝置屋〟である。しかも、その搾取のシステム社戦前の〝廓〟とえらぶところがない。

すくなくとも戦後、民主化されたいいい花柳界では、未成年の芸妓の従業は禁止され、下地ッ子（見ならい）にも、きびしい就学の義務が課されている。〝芸能プロ〟のタレント管理は、〝置屋〟以下の脱法、違法をほしいままにしている。まぎれもない奴隷制度である。

だが〝スター〟と呼ばれる虚妄の虹の中で、年若いタレントたちは〝籠の鳥〟であることを自覚しない。彼らははなやかな脚光をあびて、際限もなく上にむかってダ落する。一日睡眠三時間という〝超重労働〟にむしろ嬉々として耐え、そのことがエリートであり、スターであることの証明であるかのように、錯覚している。しかも、その労働は、（本人にとっても）意義ある何ものをも生みださない。

文化を退廃させるもの

恵とも子という十九歳になったばかりのタレントが、渡辺プロから契約を解除された。表面上の理由は、「芸能界の水にあわなかったので」。だが真相は、〝清純派〟として売りだされた彼女が、テレビで共演した当銀長太郎というタレントと同棲していた事実を、週刊誌ジャーナリズムにかぎつけら

［表２］在籍タレント一らん（精華学園）

	氏　名	生年月日	中　退・卒　業	備　考
●	伊東ゆかり	S 22. 4. 6	S 36.12（中２）→37.7（中３）→中退	一月に１日程度の出席数
●	中尾ミエ	21. 6. 6	34.4（中１）→37.7（高１）→中退	（高一から）は一月に１日程度の出席数
●	恵　とこ子	24.11.23	40.4（高１）→42.11（高２）→中退	一月に１日程度の出席数
●	田代みどり	23. 4.22	36.4（中１）→38.（中３）→中退	〃
※	星　由里子	18.12. 6	34.4（高１）→37.3→高校卒業	但し免状ナシ
※	近藤圭子	18. 3. 8	33.4（高１）→35.（高２）中退	
※	吉永小百合	20. 3.13	35.7（高１）→38→高校卒業	但し免状ナシ
※	高野通子	17. 9.27	33.4（高１）→36.3→高校卒業	各学年140日以上出席
※	美空ひばり	12. 5.29	24.4（中１）→27.3→中学卒業	〃
※	和泉雅子	22. 7. 2	35.4（中１）→43.3→高校卒業	

●は，ナベプロ所属のタレント
※免状ナシは卒業資格のみ
（註）
中尾ミエの退学理由は〝家庭が破産〟したため，伊東ゆかりも〝家庭の事情〟で他校に転校とある……学籍簿より

れたからであった。

マネージャーとの〝同性愛〟を暴露されて、チームを解散しなければならなかったジャニーズ（これも渡辺プロ系）等々、私生活の荒廃は若いタレントを骨のズイからむしばんでいる。十代もしくは二十代前期で、スターという虚名におぼれたチンピラ・タレントの行状は、目にあまるものがある。泥酔、暴行、交通事故、異性交友の紊乱、果ては拳銃不法所持、芸能人の事故や犯罪がひっきりなしにマス・コミをさわがせる。

しかも、それらの悪質タレントが大手をふって、テレビ局、レコード界、映画界をまかり通る不思議を、どう解釈したらよいのだろうか？　芸能界では公然の秘密になっている、さまざまな風評について、私たちはあらためて点検してみた。

――「各テレビ局にはナベ・プロから〝給料〟をもらっているディレクター、プロデューサーがいる」「マージャン・ゴルフに有力政治家、大臣秘書、映画会社の重役などを招待してコネをつけている」「ナベ・プロに批判的なジャーナリスト、評論家等の口を札束で封じている」等々。

それらの風評は、いずれも真実にちかいものであったことを、私たちは確認したのである。このレポートの取材中、責任の所在を明らかにするため匿名をさけた竹中労とそのスタッフに対して、ナベ・プロの〝代理〟と称する各方面から「取材中止の話しあいに応じてほしい」という申し入れが、くりかえして行われ、中には、金品の供与を露骨に切りだすものもあった。そうした際にきまってささやかれた言葉は、「……固いことをいうものではない、芸能界の常識ではないか」

〝芸能プロ〟の悪徳を助長し、芸能界を無法地帯にしているのは、すなわちそうした「常識」である。親ナベ・プロ派と目される、テレビ局のディレクターの意見をきいてみよう。

「ボクから何を聞きだそうとしても、悪いことはいえません。ナベ・プロは裏も表もない会社で、社長も副社長（晋と美佐）も非のうちどころのない人で、批判できないですね」（NTV〝シャボン玉ホリデイ〟秋元近史ディレクター。

（註）――「シャボン玉」は渡辺プロ制作番組）

秋元ディレクターをインタビューしたさい、「悪いことをききたい」とも、「批判してくれ」とも取材者はいっていない。秋元ディレクターには、「ナベ・プロの取材なら悪口だろう」という予断があったので、そういう返事がかえってきたとしか考えられない。「個人的には麻雀、ゴルフをやる程度です。もっとも一昨年はドイツへ美佐さんのおともで（これは仕事です）行ってきましたがね」

フジTV〝ザ・ヒット・パレード〟のすぎやま・こういちディレクターの回答も、やはり同様の予断にもとずくものであった。「ナベ・プロは立派です、コレ（頬に手をあてて斜に切るマネをする――つまりヤクザのこと）の商売だった芸能屋稼業を、近代的な企業にしたんですから。晋さんと美佐さんは、歴史上に残る偉大な人物です。ナベ・プロとケンカして勝ったものはないんだから、あなたがたもナベ・プロの敵にまわるつもりならやめた方がいい。あれは、もう一プロダクションとはいえない強大な王国ですよ、日本の芸能界はナベ・プロの力で動いているようなものですからね」

その他――「ぼくは週刊誌は〝平凡〟と〝明星〟にしか会わないことにしています。ナベ・プロについては、なにもお話しすることはありません」（ＴＢＳ、田中敦ディレクター）「取材を拒否します。ＮＨＫの職員として言ってまずいことと、いいことがありますし、ナベ・プロは商売上の特殊な関係がありますから」（ＮＨＫ、未盛憲生ディレクター）

いったい、どういうことだろう？

以上の談話は、私たちがこのレポートを公刊する計画を具体化する以前に、〝予備取材〟の形で集めたものである。ナベ・プロに関する取材となると、ほとんどのテレビ局関係者が貝のように口をとざすか、歯のうくような讃辞に終始する。もちろん、中にはナベ・プロ批判を表明するプロデューサー、ディレクターもある。だが、それはきわめて数少ない。「ボクは〝植木等ショー〟を担当しているが、通すべき主張はきちんととおしているつもりだ」（ＴＢＳ、砂田大ディレクター）

その「植木等ショー」が、好評であったにもかかわらず、とつぜん打ち切られたのは、偶然だろうか？　ナベプロ・パージということが、テレビ関係者の間でささやかれている。芸能界の〝魔王〟渡辺プロダクションに、すこしでも批判的なものは芸能界から追放されるか、すくなくとも、ナベ・プロ関係の仕事からは干しあげられてしまう。

「正直にいって、私たちはナベ・プロから企画を買ったり、脚本に参加させたりする必要はない。局側にはもっと優秀な企画を出す自信がある。が、かれらの企画を採用しないとスターが使えない。つまり、事実上番組が製作できない。なにしろ相手はタレントを押さえている。バラが立つけれどもやむを得ないのが実情だ。私は、ナベ・プロの〝給料とり〟ではないし、批判も持っている。だいいち、歌詞もろくにおぼえてこないで、本番ギリギリにかけつけてくるナベ・タレには、がまんができない怒りを感じる。だが、やはり匿名でなければ何も話せないというのが、私の立場です」(TBS、Aディレクター)

本番になってもあらわれないナベ・プロ所属のスタータレントに、悩まされたあげく、出演者の変更を申し出た〝勇気ある〟ディレクターがいた。だが、持ち番組を変えられたのは彼のほうだった。

企画を売るを(ユニット)という、……そこにタレント収奪の秘密、ナベ・プロの〝合法的〟な脱法行為が成立するのだが、それは後章で詳述することにしよう。

あるテレビ局の歌番組に、伊東ゆかりの出演がきまる。すると、彼女担当のマネージャーから「これとこれの曲を歌わせます歌わせて(ほしいではない)」……といってくる。そこで番組の構成者とディレクターは、額をよせて「どうハメこもうか?」と四苦八苦する。ナベ・プロが「かならずヒットさせてみせる」と豪語した「小指の想い出」が、どの番組でも歌われたことはむろんである。これが橋幸夫の場合だと、モダンな構成のショウの中に、突如としてマタタビ認め「佐久の鯉太郎」がとびだしてくることになる。それでも、関係者は何一つ文句がいえない。

NHKの「歌のグランド・ショー」で、ナベ・プロの中尾ミエが共演の金井克子を段の上からけり落すという事件がおきた。中尾は自分より背の高い金井に「並んで立つ場面では靴をぬいでほしい」と要求したり、二人の対立は局の内部で定評があるが、NHKは関係者に〝カン口令〟をひいている。中尾のわがままをたしなめようとするものは誰もいない。

これはようするに、ギャラを支払う側のテレビ局が、〝芸能プロ〟にふりまわされているのだ。番組自体のテーマより、プロダクション側の営業政策や、スターの横車が優先する。ナベ・プロは、いまや現場のディレクターを〝傭兵〟のように支配してテレビ界に君臨している。そして、すぎやま・こういちディレクター談にあるように、ナベ・プロの〝聖域〟にあえて挑もうとするものはなかった。

渡辺プロダクションはテレビ界からレコード・映画界へ勢力をひろげ、強大なトラスト（企業合同）に発展しつつある。一九五五年の創業から数えて十三年間、ナベ・プロは芸能界の花道を、徹底的なコマーシャリズムで押しまくってきた。そのテリトリー（領域）は、ほとんど独占というべき版図を、音楽芸能界に占有している。だが視点をかえていえば、ナベ・プロのエリアは、芸能界の低い俗流な部分だけをしめているともいえるのである。

ナベ・プロのみならず、すべての〝芸能プロ〟についていえることだが、いったい芸能プロダクションは、大衆に正当な（といって悪ければ支払った金額にみあう）娯楽を提供しているだろうか？いない。

私たちには、もっと楽しむ権利がある。充実した歌と音楽を聴き、ドラマやショウを見る権利を、持っているのだ。また、好きな芸人、タレントを、もっと好きになる権利を、彼らがもっと成長し、向上することを望む権利を持っている。だが、私たちには、その権利を行使する手段がない。

なぜなら、ほとんどのタレントが〝芸能プロ〟に占有され、その恣意によって動かされているからである。〝芸能プロ〟は、人気タレントの虚像を売り、もうかる企画だけを売り、さらにもうけようとして未完成の新人をテレビ、レコード、映画界の市場に売りだしていく。その新人の実態たるや、前述した通りである。義務教育も受けさせぬような酷使は、若いタレントたちを精神的不具者に仕立てあげる。極論すればどんなデクノボーでも、白痴でも、強引にスターに仕立てあげることができる。そうした〝政治力〟を、たとえばナベ・プロは持っている。

プロダクション・システム、それ自体についていえば、もしそれが(映画における独立プロのように)正しい志向と、正しいヴィジョンを持つなら、むしろ大衆文化の発展のために前進的な役割りをすらになうはずである。だが、現状の〝芸能プロ〟の姿は、およそ文化とは〝負の係数〟でしか、かかわならい。テレビ時代における芸能プロダクションは、資本と競合して現場の芸術家や労働者を苦しめている。

アーチストとして何ら価値なきタレントを、増長させ、ダ落させる原因もそこにある。芸能界におけるかけがえのない「商品」はスターであって、スターを手中におさめておくことが、〝芸能プロ〟繁栄の条件である。スターを制するものは芸能界を制す、……それが、〝芸能プロ〟の力学である。

〝芸能プロ〟は利潤追求に狂奔し、大衆をバカにした低俗なショー・歌番組を粗製乱造して、音楽文化を退廃させていく。いったんスターに仕立てあげたタレントであれば、「商品価値」がなくなるまで搾取しなくてはならない。

したがって犯罪や事故をおこしても、人のウワサも七十五日という感覚でたちまち芸能界に復帰させてしまう。泥酔運転・暴行傷害で逮捕された守屋浩のばあい、芸能週刊誌に「目下謹慎中」という

ＰＲを行なって、ファンの同情を買い、「引退する」という舌の根も乾かぬうちに〝守屋浩をはげます会〟（……何をはげまそうというのか？）をひらいて、「涙の再起」をさせるといった具合である。

そして、いっぽうには、すぐれた才能と個性を持ちながら埋もれていく多くのタレントがいる。あるいは、ナベ・プロの勘気にふれて消えていくタレントがいる。私たちは、そうした芸能界のありさまに怒りをおぼえる。くりかえしていう、私たちにはもっと楽しむ権利がある。タレントの芸に金を払い、ＣＭを忍耐して視聴率を上げているのは私たちである。その期待に誠実にこたえている〝芸能プロ〟が、果してあるだろうか。私たちには楽しむ権利があり、楽しませない原因を知る権利がある。その原因をさぐってみよう——。

ザッツ・ショー・ビジネス（それが芸能界さ）という安直な理解を私たちはとるまい。そうした風俗は、社会の根底にある病巣から生れる。アメリカナイズ、植民地文化という、いっけんモダーンな衣装をまとって、私たちの社会に旧体制の神々は復権しつつある。前近代的な〝置屋〟システムを、時代と流行の最先端をいく〝芸能プロ〟が踏襲し、しかも白昼堂々たる違法行為が黙認されているのは、その現実の証明である。

日本の芸能界……ひいては社会風俗のすべてを侵蝕する〝芸能プロ〟の悪徳について、私たちは、当初、予断の姿勢をまったく持たず、いっさいの偏見を排除して取材を開始した。だが、調査がすすむにしたがわて、たとえば契約、たとえば税金、レコード大賞、〝紅白歌合戦〟の舞台裏、ＥＸＰＯの内幕等々、あらゆる局面で私たちは〝芸能プロ〟が張りめぐらした退廃の網の目に片端からぶつからざるを得なかった。

約半年にわたる取材のあいだ、芸能プロダクション、とくに、ナベ・プロの妨害は熾烈をきわめて、金品をもってする誘惑から暴力的脅迫まで行われた。むろん、私たちは、これらの脅迫や妨害に屈伏することはなかった。むしろ〝芸能プロ〟の側からするしつような干渉は、私たちに悪徳の存在への強い確信をいだかせ、風俗と文化を毒するものへの敵意を燃焼させることに役立ったのである。

しかし、私たちはつとめて冷静にこのレポートの記述をすすめようと思う——。長い〝序章〟をようやく終る。

では、芸能プロダクションの〝戦後史〟を、ひもといてみよう。それは、占領政策のどのような部分とかかわり、どのような売弁の過程をへて発展してきたのか……

ナベ・プロの戦後史

一九四七年冬、在外同胞救出学生同盟[＊3]ではたらいていた私は、毎朝、一番の引揚げ列車を迎えてから、都庁裏の外食券食堂に雑スイを食べにかよう途中、不思議な光景をみるのだった。

現在、バス・ターミナルになっている東京駅降車口広場に、奇妙な一団がたむろしていた。縞やコールテンのくたびれた背広を一着におよんで、中折帽子をかぶったり、ネクタイをしめたりしている西洋ルンペンのような風態の群衆は、人待ち顔に立ったり坐ったりしていた。バイオリンやトランペットのケースを持っているので、音楽家だということはすぐにわかった。しかし、何のためにそこに集まっているのか不可解だった。遠くから眺めていると、派手な服装の女性や復員姿の若者が、人びとをいくつかの組に分ける。しばらくすると、草色のと水色のトラックが何台かやってくる。彼らを乗せて、いずこともなく走り去る。ある朝、好奇心にかられて、私はそばへ行ってみた。

「おい、トランペット！」「ねえ、ピアノ弾ける人いない？」「ゼニは払えないよ。シガレットだよ、罐詰だよ、よかったら一口のるかい？……」

そんなふうに仕分けられて、即製のバンドが、編成される。トラックは、占領軍のベース（基地）から乗りつけるのである。草色は陸軍、水色は海軍。つまり、青空楽隊マーケットであった。敗戦で失職した楽士たちはそこに集まり、〝送り屋〟に仕わけられて、占領軍の慰問にでかけるのだった。

私は、彼らの何人かと親しくなり、外食券とチョコレートなどを物々交換するようになった。学生同盟の仮泊所を訪問して、引揚者の子供たちにチューインガムを置いていく初老の楽士もあった。

彼らの出身は、種々雑多だった。戦前のダンスホールで働いていたものもいれば、軍楽隊出身も、ジンタのラッパ吹きもいた。朗らかな連中だったが、いちようにうらぶれていた。（竹中労著『呼び屋』より）

現在も駐留米軍あいての〝芸能プロ〟を経営している森裕男（ＪＰ企画代表者）は、青空楽隊マーケットの〝送り屋〟だった。「池袋にも、新宿にも同じような楽隊市場がありました」

楽隊だけでなく女のマーケットもあった。池袋の西口で、ケティという源氏名の姐御がとり仕切っていた。トラック一台二〇〇〇円で、十条、王子、巣鴨などのキャンプにホステスを送りこむ。中には、乳飲子をかかえた戦争未亡人もいた。ダンスの相手をすればよいという名目だが、体を売らなくては稼げない。……女たちもそれを承知で、トラックに乗っていくのだった。

「……ともかくアメリカさんを相手にしさえすれば、ボロイもうけができたってわけです」

当時、早稲田の学生だった渡辺晋も、青空楽隊マーケットの常連だった。彼は〝送り屋〟の中間搾取に甘んじることをしないで、気のあった仲間同士でバンドをつくり、直接占領軍と交渉して仕事をもらうことにした。ジャズメンたちにとって、アメリカ軍の占領は「よき時代（ベル・エポック）」の幕あけだった。

一九三九年十月三十一日以来、演奏を全面的に禁止されていたジャズが再び陽の目を見たばかりか、時の権力――占領軍によって庇護され、奨励されることになった。しかも、米軍キャンプのクラブから、まかないきれぬほどの需要が殺到した。

当初は青空楽隊マーケットと同様、いわゆる青空マネージャーがバンドや歌手をキャンプに送りこんでいたが、一九四五年の暮に終戦連絡事務局（のちに特別調達庁）が占領軍の慰問業務を一本化する。必然的に、占領軍相手の芸能プロダクションが生れて、調達庁と組織的なとりひきをはじめる。

占領軍慰問経費は、賠償金として、日本政府が（国民の税金から）支払うよう義務づけられていた。ただし現金即時払いではなく、PD――プロキュアメント・デマンドという一種の軍票によって支払われる。換金するのには、最低一ヵ月、事務処理の都合で半年かかることもあった。その日の生活に追われる楽師、歌手たちは、それを待ってはいられない。〝芸能プロ〟のもっとも大きな存在理由は、そこにあった。

つまり、出演料の立てかえ払いができる資本力を持つプロダクションが、どうしても必要だったのである。

占領軍相手の芸能人あっせんは、日本演芸社（木村鉄男、新八郎――日刊観光新聞取締役）、花柳芸能社（花柳寛之、振付師）が草分けである。日本演芸社は、はじめ日劇地下に事務所があり、まもなく秋葉原の焼けビルに移転した。

花柳のほうは松竹のパック・アップで、京劇に陣取り、いわば二大勢力という形だった。少しおくれて、東宝芸能が日比谷公会堂の階上に店開きする。

それから、群小プロダクションが、まさに雨後のタケノコのように乱立した。とくに、一九四六年二月一六日、金融緊急措置令（二五日新円交換開始）以後、占領軍の芸能人供給は、急ピッチに増大した。無制限に「新円」をあつかえる〝芸能ブロ〟は、笑いがとまらなかった。

早稲田大学のOBである菊地重世の楽団で、ギターを弾いていた渡辺晋が、花柳芸能社に籍を置いてキャンプをまわりはじめたのは、ちょうどそのころである。

占領政策と芸能プロダクション

敗戦直後、東京周辺には約六十の基地があり、一つの基地に兵士（EM）、下士官（NCO）、将校（OC）、そして喫茶部（SC）と四つのクラブがあった。また、米軍に接収された都内のホテルにも必ずクラブがあり、日本人はオフ・リミット（立入禁止）のキャバレーもあった。それだけの数のクラブに、バンドと芸人を毎晩送りこむのだから、〝芸能プロ〟はボロイ儲けになった。

タレントはプロと専属契約（といっても口約束）を結び、報酬は「月保証制度」であった。たとえば、月に二十回の出演を保証していくら、それ以上稼いだ場合にはヒフティ・ヒフティ（五分五分）といった具合であった。

現在、ナベ・プロがとっている「月給制」はその踏襲であって、別段目新しいものではない。〝芸能プロ〟は、ギャラのランクをごまかすことで、いくらでも不当利益をあげることができた。PDで支払われる出演料は、スペシャルA、スペシャルB、A・B・Cの五段階があった。審査はGHQスペシャル・サービスの立会いで、特別調達庁から委嘱された審査委員が行う。委員長紙恭輔、ディック・ミネ、南里文雄、渡辺弘などが委員だった。ランクは業種別にソロ、グループに分けられ、さらに日舞、洋舞、曲芸、それぞれの基準があった。公正を期したはずの審査が、複雑な出演料算定でかえってアイマイになり、〝芸能プロ〟は詐取をほしいままにすることができた。戦時中の慰問団芸能社が「親方日の丸」であったように、戦後の芸能プロダクションも、占領軍の権力に寄生して暴利をむさぼった。

スペシャルAのバンドの名を借りて、Cクラスの楽団を送りこんだり、人員を水増ししたりするのは、日常茶飯事だった。花柳芸能社（のちに国際芸能社）の社員だった渡辺晋が、そうした占領軍相手の芸能プロダクションのぼろもうけの手口を学んで、自家薬ろう中のものにしたことは、容易に想像できる。当時、彼は早稲田大学の学生（法学部、一九五一年中退）で、ベース奏者として米軍キャンプをまわるかたわら、バンド・マスター、マネージャーとしての地歩をしだいに築いていった。

いソノてルオ（音楽評論家）の話——、「ファイブ・ジョーズ・アンド・ジェーンという名前の楽団を早稲田大学の仲間とつくって、晋は品川のヴィラ（米軍クラブ）で演奏していた。米軍のクラブは毎週月曜が休みなので、一九五〇年ごろからだったと思うが、読売ホールでジャズ・コンサートを開くことになった。ナベシン（渡辺晋）の商才が発揮されたのはこのころからで、楽団の名前をシックス・ジョーズと変えて、大いに売り出した。当時、ぼくがドラムをたたいてた慶応のバンドのマネージャーだった曲直瀬美佐との出合いも、そうした仕事を通じてだった。シックス・ジョーズのメンバーは中村八大（ピアノ）、南広（ドラム・東映スター）、松本英彦（テナー）、安藤八郎（ヴアイプ）、坪井功（ギター）などで、ファイブ・ジョーズには、おちぶれて死んだ染谷一孝（テナー）がいた。兼マネージャーの晋はベースを弾いていたが、プレイヤーとしては、他のメンバーよりも見劣りがした」

南広の話――、「晋という男はベースを弾きながらゼニ勘定しているような、楽隊屋にはめずらしい人物だった。これは悪口じゃないぜ、オレはそういう渡辺晋を尊敬しているんだよ。マージャンだって、カケ金はきちんと取り上げるし、ゼニをかせといっても貸してくれたことは絶対になかった。大した野郎だった」

加藤幸三（スイング・ジャーナル社長）の話――、「銀座の松坂屋のそばにチョコレート・ハウスというのがあって、そこの地下が、ジャズ・メン、音楽ジャーナリストたちのたまり場で、晋と会ったのはそこで、美佐もちょくちょく顔を見せました。二人をひきあわせたのは、実は私なんですよ。晋はフランキー堺の世話をしていた奥田喜久丸の事務所に籍をおいて、占領軍のキャンプをまわっていました。美佐の紹介で、晋は王子の将校クラブではたらくようになって、品川のヴィラに移ったのはそれからでした。晋という男は大した商売人で、占領軍を相手のかけひきは堂に入ったものでした。そんなところに、美佐がほれこんだんでしょう。似たもの夫婦というが、まったく天の配剤としかいいようがありません。そのころ美佐には、テナー・サックスを吹いていた恋人がいたんですが、その男をふって晋とデキちまった。斬るの刺すのという騒ぎがあって、大もめにもめたものですが、それが、現在のナベ・プロ王国をつくったのですからね」

米軍クラブに依存していたジャズ・メンたちは、一九五二年の講和条約成立[*4]をきっかけにして、日本人相手の演奏活動に転換する。世はあげて、ジャズ・ブーム。講和条約成立の前年――五一年九月二十五日、日比谷劇場で行われた外人バンドのジャム・セッション（かけあい演奏）には、徹夜で千人以上も列をつくるという大盛況。〝呼び屋〟永島達司が、占領軍のキャンプをまわっていたナンシー梅木、笈田敏夫、江利チエミ等をプロモートして興行を打った「国際最大のジャズ・ショー」は、連日超満員の聴衆をあつめた。フランキー堺、水島早苗、ジョージ川口、ミミー宮島などを講師とする、〝日本ジャズ研究所〟開設、当時の新聞は「ジャズ・メン三千、楽団三百」（五一年六月十二日、内外タイムス）と報じた。

渡辺晋は、そうしたジャズ流行の時流に乗り、銀座三原橋のジャズ喫茶「ブルー・シャトウ」（暴力団の経営）に本拠をかまえ、渡辺プロダクションを結成して〝中村八大トリオ〟〝白木秀雄クインテット〟〝平岡精二クインテット〟〝ハナ肇とキューバン・キャッツ〟などを傘下におさめることになるのだが、いささか先をいそぎすぎた。敗戦直後の時点に、話をもどすことにしよう――。

占領軍に寄生し、PDによる「新円」をほしいままに消費することができた当時のジャズ・メンたちは、食糧難の中で五百円ベースのどん底にあえいでいた庶民階級にくらべれば、まさに王侯貴族の奢りをきわめた。

フランキー堺の話――、「ボクたちは、ＲＴＯ（占領軍輸送司令部）の特等車に乗せてもらって、占領軍の慰問に歩いていたものだ。自分でいうのも何だが、ボクなどは中でも超一流でしてね。あるとき展望車に乗ってたら、代議士の秘書がやってきて、隅っこでいいから同乗させてくれというんだナ。そんなの断わっちゃえといったんだけれど、マネージャーの奥田喜久丸（現在東宝プロデューサー）がＯＫしちゃった。ボクたちフンぞりかえってたが、代議士センセイはひざをきちんとそろえてかしこまっていたよ、おかしかったね。こっちはまだ学生で、午前中は授業、午後は演劇、夜はドラムをたたいて占領軍まわりという生活。当時、遠藤周作が学校（慶応）の前で、ミズッパナをたらして靴みがきをやっていたナ。ボクがバリッとした背広姿でフェルトのバーンとした靴を奴さんの目の前に突きだすと、〝おありがとうござい〟なんて頭を下げて磨いてた。アッハッハ――」

ジャズ・メンは、毎晩米軍キャンプをまわった。数えきれぬほどのクラブの一つ一つで、楽団は陽気な音楽を演奏し、らんちき騒ぎのパーティがひらかれ、青い目の征服著たちは、血のしたたるような焼肉を食らい、あびるように酒をあおり、日本の女を抱いた。そして……、それらの費用はすべて、日本国民の血税でまかなわれたのである。

国民大衆は、五百円ベースの窮乏の中から、駐留米軍の台所をまかなう血税を吸いあげられたのである。フランキー堺の〝展望車の優越〟は、何によってあがなわれたのか？　栄養失調で青ぶくれた日本庶民大衆の上に、預金封鎖の烈日はようしゃなく照りつけた。占領軍相手の〝芸能プロ〟が新円の札束をまき散らしているとき、ＧＨＱ経済科学局長マーケットは、「餓死者は全国で一千万人に上るだろう」……と談話を発表した。

しかも、世は滔々たるアメリカナイズの風潮であった。

餓えた民衆はまだ見ぬアメリカ合衆国にあこがれ、そこに富と平和と安定の神話を夢みた。

一九四八年～九年にかけてＮＨＫの人気番組であった「アメリカ便り」は、こんなふうに、ユートピアの幻想を電波にのせた。

「……アメリカでは電気の目ざまし時計で起き、電気の安全カミソリでヒゲを剃ります。朝飯にまずオレンジか、人参やセロリーなどの野菜を電気の機械で簡単にしぼった汁を飲み、狐色に焼けたパンにバターをつけます。電気のトースターだとほんのり焼けたところで、自動的にポンと出るんです。ご主人は働きに出かけ、奥さんは台所のあと片づけと洗濯と、家の中のお掃除をいっしょにやってしまいます。台所の片隅にある洗濯機械の中にシーツ、タオル、シャツ、子供の服、ハンカチ等をほうりこみ、粉石鹸を入れてスイッチをひねる。電気の真空掃除機でプーンと掃除をしてしまうというわけです」

一九六八年、日本の民衆は、まさにそのような世界にいる。それが、真にユートピアであるか、幸福な生活といえるかどうかは、別にして——。

アメリカ気ちがいが、戦後激増した。木の芽どきになると、〝天皇の落しダネ〟あるいは天皇自身と称する狂人が皇居にやってきて、丸の内警察署に保護される。それが、敗戦後マッカーサー大元帥にかわり、自分はアメリカ人だと思いこむタイプにかわった。管内にＧＨＱがあった丸ノ内署は、多い日には数人ものマッカーサーを保護しなければならなかった。狂人ばかりではない。都市といわず、農村といわず、日本中にアメリカかぶれの悲喜劇が展開された。

そうしたアメリカナイズの延長線上に、ジャズ・ブームはおこった。……それは意図された〝植民地政策〟ではなく、封建的な軍国主義の時代からの解放を望んで、自然発生的に民衆が志一向した風潮であった、という見方もできるだろう。ジャズ・メンの多くは、私たちの取材に「そういうご時世だったのさ」と答えた。

彼らには、アメリカ占領政策のエージェントをつとめたという自覚を、ほとんど持っていない。そうした時代があり、それは自分たちにとってまたとない快適な日々であったと、なつかしむ姿勢で「敗戦のベル・エポック」を語るのである。読者の中にもおそらく、そうした音楽芸能の流行を、単なる戦後の風俗現象と理解するむきがあるのではないか？

だが、それは、明らかに意図された占領政策のテーマであった。ＣＩＥ（総司令部民間情報教育局）は、進駐直後、すべての電波を管理し、ジャズ——それも意識的に黒人ジャズを排除したダンス・ミュージックのみを流し、浪花節、俗曲、流行歌を追放した。時代劇映画、講談、大衆演劇（とりわけ剣劇）を禁圧し、地方では〝盆踊り〟すら占領軍の命令で中止された。なべての日本民衆的なるものは、旧時代・封建主義の名のもとに唾棄され、ほうむられた。これをようするに、占領文化政策の基本的テーマは、日本人民をイエロー・ヤンキー（黄色いアメリカ人）に仕立てあげることであった。

一九四六年七月、楽団スター・ダスターズの渡辺弘は、経済局長マーケットの副官である原田恒雄中尉（二世）から、毎月一回、丸ノ内〝工業クラブ〟で演奏してくれという「特別の依頼」をうけた。戦後版「鹿鳴館」――〝スターダスト・ポーテーション〟の誕生である。日本側から工業クラブ理事戸田豊太郎が、アメリカ側からは原田中尉が世話人になった。戸田は華頂博信元侯爵夫人の華子とスキャンダルをおこして、はなやかな話題をまいた人物である。

月一回、ダンス・パーティをひらく。それは、日米親善のための「非公式な集まり」である。名目上は、渡辺弘とその楽団の後援会であり、後援会長マーケット個人が主催するポーテーション（酒宴）である。原田は渡辺にそう説明した。

だが、それが単なる〝親善のため〟の集まりではなく、重大な目的と意味を持ったパーティであることは、一目瞭然だった。マーケットをはじめ、サザーランド（参謀長）、ホイットニー（民政局長）、ニージェント（CIE局長）、ウィロビー（諜報部長）、インボデン（新聞課長）、ケーディス（民政局次長）、ハリソン（賠償局長）など、占領政策の中枢をしめる高官たちが、キラ星のように居ながれた。

日本側からは、吉田茂、芦田均、幣原喜重郎、石橋湛山、岡崎勝男（終戦連絡事務局長）、麻生太賀吉・和子夫妻、白州次郎、高碕達之助など政財界の実力者が、顔をそろえた。とくに目立ったのは、高松、三笠、竹田の各宮が列席し、元華族、旧財閥の貴婦人、令嬢がきらびやかに着飾って婿をきそい、脂粉の香りをふりまいていたことだった。GHQの高官たちは、彼女らにプリンセス（公爵夫人）、バイカウンテス（子爵夫人）と呼びかけてダンスに誘った。

それは、陰微な光景だった。みずからの手で解体したはずの〝日本上流階級〟と占領軍のボスたちは踊りたわむれ、いんぎんを通じていたのである。まるで戦争がなかったように、そして、民主化も人民解放もこの国では行なわれなかったように――。

敗戦一年後の夏、舞踏への招待の意味は明白であった。渡辺弘とその楽団は、来日二つの〝権力〟を音楽で媒介した。占領軍に寄生して発展した戦後のジャズ・バンドは、その代償として、占領政策の忠実なメッセンジャーをつとめた。スターダスト・ポーテーションは、リッジウェイ中将がマッカーサー元帥と交替し、一九五二年講和条約が発効するまで、植民地政策のロビーとしての役割りを果たした。

明治の「鹿鳴館」がコレラの大流行と飢饉にあえぐ民衆の悪書をよそに、〝文明開化〟のらんちき騒ぎをつづけたように、アメリカナイズの毒は日本の上流階級を腐蝕し、庶民階級にも外国崇拝、舶来ブームの風潮をひろげていった。その〝後遺症〟は社会風俗に長く尾をひいて、音楽芸能の世界に今日も深く広く根を張っている。（『呼び屋より』）

売弁の系譜

占領軍相手の〝芸能プロ〟稼業に、なによりも必要だったのは、音楽や演芸にくわしいことではなく、英語がしゃべれることであった。そのうえ、美人で社交性のあるレディであれば、鬼に金棒だった。美佐の母親――曲直瀬花子が、疎開先の宮城県仙台でアメリカ軍の信任を得たのは、混血で、アメリカ人ごのみの容貌だったからである。

〝宮城学院七十年史〟によれば、「明治十九年八月、横浜のフエリス女学院からミス・プールボー、ミス・オールトーなる二人のドイツ人女性宣教師が、日本人女性稲垣ぎん、曲直瀬ユキエを帯同して来校」とある。このユキエが美佐の祖母にあたる人で、彼女は翌年六月まで学院で訳語（通訳）の講師をつとめた。ユキエは牧師である山鹿旗之進と結婚し、その次男正雄（明治三七年十月生）は母方の姓を名乗った。

花子は、横浜市台町の貿易南牧野家の娘だが、父暎次郎・母年枝は共にヨーロッパ系の混血であった。牧野家は〝小財閥〟と呼ばれた相当の資産家で、現在も横浜で貿易商をいとなんでいる。家系を点検してみると、美佐の両親はきわめてバタ臭い環境に生れ育ったことがわかる。正雄と花子は昭和二年五月に結婚して、花子の実家の近所に新居をかまえ、美術ケースの卸商をはじめた。美術ケースとは木の小箱にフランスちりめんやベッチンをはった手工業品で、数人の女工を使っていたが、次々に八人の子供（長男死亡）が生まれて生活は豊かではなかったらしい。長女美佐、次女美枝、三女翠、四女信子、次男陽造、三男敏雄、五女道枝である。

一九四五年、横浜大空襲で家を焼かれる直前に、旧制女学校在学中の美佐をのぞく曲直瀬一家は宮城県登米郡登米町寺池前舟橋二四ノ五、伊藤隆男方に疎開した。（登米郡登米町は人口八千七百人。

仙台からバスで三時間北上した地点にある。戦時中には、『太陽のない街』の作家、徳永直をふくめた多数の疎開者で、人口一万人以上にふくれあがった）

一九四五年七月十九日、仙台市は空襲をうけて市の八割を焼失した。八月十五日終戦、同年九月十五日米軍進駐、十六日付の河北新報は「米国進駐軍、仙台に侵入！」と大見出しで報じた。この日から、曲直瀬一家の新しい歴史がはじまる。やはり登米町に疎開していた正雄の父、山鹿旗之進はキリスト教の牧師という立場から、米軍に民生安定を陳情し、嫁の花子を軍政部の通訳に推せんする。正雄はやはり旗之進の口ききで、県庁の調達係となった。占領軍は日ましに増員して、二万人をこえる。家族とも四万人が仙台に駐屯し、キャンプ・ファウラー（つつじケ岡）、シンメルペニヒ（苦竹）、レニアフィールド（霞の目）、松島ホテル（高級将校宿舎）、仙台市内などに分宿した。その他、司令官公邸、第一七二病院、兵員クラブ等が接収され、この東北最大の都市はアメリカ軍一色に塗りつぶされた。マーク・ゲイン『ニッポン日記』によると、米軍が進駐してまもなく〝日米親善〟のためのダンス・ホールが市内に開かれた。「淫売婦をおかなければという条件で軍政部の許可をうけると、彼らは市の再建に必要な材木や煉瓦の配給を横どりして、百二十七人もダンサーのいるキャバレーをたちまちでっちあげた」

次々につくられたそれらの〝いこいの場所〟はアメリカ相手の売春婦のたまりになり、夜ごと狂宴がくりひろげられた。「街娼だけでおよそ三千人、盛り場の橋の上など文字通り女の鈴なりでした。米兵の暴行事件が連日おこり、朝鮮戦争の前夜はとくにひどく、殺人、強姦もずいぶんありましたが、当時は検閲がきびしく新聞には報道されていません。米軍につごうの悪い記事は一切けずられましたから」（河北新報学芸部・塩田長和記者）

「当時の記録はイヤなことばかりだから、五年ほど前に私個人のメモ、スクラップ等をふくめて焼却してしまいました。まあ一口にいえば植民地……アメリカならでは夜のあけぬ時代でした。むろん、それでもうけた人もいる。曲直瀬さん　家など、さしずめその筆頭でしょう」（当時特別調達庁勤務、現宮城県地方労働委員会事務局調整課長・佐々木勝氏）

佐々木氏の記憶によれば、敗戦まもない一九四五年九月、五十嵐某という人物が市内にGI相手のダンス・ホールを開いている。これが、マーク・ゲイン『ニッポン日記』中の記述にある〝キャバレー〟ではないかという。そこの女と寝たGIが性病にかかったので、いったんオフ・リミットになったがすぐに解除された。五十嵐某は、「ユーホニック・オーケストラ」という楽団を編成して、シンメルペニヒのキャンプなどに送りこんだ。仙台における占領軍〝芸能プロ〟の第一号である。やがて東京から、日本演芸社、花柳芸能社等がのりこんでくる。

当時、花柳芸能社員で「スイング・ボックス」のバンド・マスターだった徳田三郎（現在仙台市に居住し楽団「モダン・サウンズ」を主宰している）の話――「渡辺晋さんも私のバンドにいて、何度も仙台にきているんです。花柳芸能はここと八戸に週三本ぐらいバンドを入れていたのですが、だんだん曲直瀬の勢力がのしてきて、ユーホニック、日本演芸社、花柳芸能の仕事を横取りしていった。けっきょく私なども、この土地で仕事がしたいばっかりに曲直瀬の軍門に下らざるを得なかったわけです。花子さんという人はなにしろ英語が達者で、私たち日本人とゼスチュアからしてちがう。とっても大刀打ちできるものじゃない。〝明日からマナセにたのむから来なくてもよい〟といった調子で、私たちの仕事は片端からなくなっていきました」

曲直瀬花子が〝オリエンタル芸能社〟を設立して、占領軍相手の芸能人あっせんをはじめたのは、敗戦翌年の一九四六年春である。一家は仙台市内の〝佐竹旅館〟に移って、盛大に営業を開始した。「その年の暮だったと思いますが、仙台に売りこみにいって曲直瀬の強力な地盤がついに切り崩せずに帰ってきたことがあります。一種の〝独占企業〟でしたね、仙台の曲直瀬は」（吉岡芳之――当時日本演芸社勤務・現スター・プロ社長の話）

曲直瀬は、その傘下に〝ノーマックス〟〝セントルイス〟〝ヒット・ハット〟の三つの楽団をおさめ、東京から少女歌手江利チエミを呼んで歌わせていた。その他、〝花嫁ショウ〟という婚礼衣裳の着つけをみせる実演や、チンドン屋をやとって〝侍ショウ〟、果ては初夜の床入りまで演じるストリップの寸劇まがいのエロ・ショウに至るまで、手あたりしだいに売りこんだ。トランペット吹きのエンちゃんこと、遠藤一郎（モダン・サウンズ）は、そのころの曲直瀬の〝商法〟を伝法な口調で、「もうかりさえすりゃ何でもやったんだ、敗戦のどさくさにつけこんだ火事場泥棒みたいなやりくちさ」という。

「オレたち楽隊のピンをどのくらいバネたものか、見当もつかねえ。曲直瀬んとこの飼犬の頭をよく殴って、オレたちはいったもんだよ。〝コン畜生メ誰のおかげで肉を食ってやがる〟って。こちとら、いまだに貧乏してるからウラミは忘れないね。将校クラブのパーティがあると、曲直瀬のママなんてもナ、司令官の隣りにべったりくっついてやがるんだ。だからオレはいってやった。〝あんたらオミキドックリみたいなもんで、片ッ方が欠けたらおしまいだよ〟ってね。そしたら、〝生意気いうとクビだわよ〟っていいやがる。犬に石をぶつけてやったよ。犬ぐらいしか殴れないもんな。曲直瀬のママは、司令官のポールセンって野郎に女を世話して、それで仕事をもらったんだ。本当だよ、その女ってのはオレと同じ下宿に、いたんだから。オリエンタル芸能の歌手でね、もと女学校の数学教師って変り種だ。名前かい？　教えてやるけれど書かないでくれよ。その女はポールセンの二号になって、アメリカへ渡ったんだ。正直にいっちまうと、オレの恋人だったんだよ。ポールセンはブルドックみたいな面だったから、すごくイヤがってたのに、曲直瀬のママに口説かれて承知したんだ。人身御供だよ。そんなことばっかりやって、曲直瀬は大きくなっていったんだ。仙台で、曲直瀬のことよくいうやつはいねえよ……」

エンちゃんの話が真実かどうか、私たちには判定できない。だが、青い目の征服者たちに捧げられた、戦後版唐人お吉の哀話があったことは想像に難くない。将校クラブでピアノを弾いていた井上胤(現在サンバード・オーケストラのバンド・マスター、仙台在住)の話――「花子さんのやりかたは、確かにえげつなかったといえます。飲ませる、抱かせる、つかませるの三せるで斬りこんできました。たとえば、一時間しか演奏しないのに二時間に水増しをするのは、まあ常識です。それを他の〝芸能プロ〟なら、大部分ポケットに入れてしまう。ところが、花子さんは、クラブの係官にポンとやってしまう。その差ですね。男だったら、たいした実業家になっていたでしょうね。占領軍の将校や下士官に女を抱かせるのも、やはり常識でした。ただ、抱かせかたがうまいか下手かということできまるんですね」

エンちゃんの話――、「ガンモ（曲直瀬正雄のあだ名）とオレで、毎日キャンプに二十人ぐらいダンサーを入れていた。ダンサーといっても素人のよせあつめで、つまりヤンキー相手のホステスってわけだよ。仙台の駅前に、デパートでマネキンをやっていたズベ公が、いろんなところからつれてきた娘や戦争未亡人たちが集まっている。オレたちの役目は、そいつらをトラックやジープに乗せてキャンプに送りこむんだ。いやな仕事だった。ガンモが〝GIと寝てくれよ〟と女たちにいうんだが、いつも一言多くって〝イヤならいいんだよ〟なんていっちまうもんだから、キャンプから苦情がきてね、ママが文句をいうんだ。すると、ガンモはぶつぶついいながら、駅前でパン助を集めてくるんだよ。ママはともかく、旦那は憎めない人だった」

〝オリエンタル芸能社〟の実権は、ほとんど曲直瀬花子がにぎっていた。夫の正雄は、女房のやりかたに消極的抵抗を示しながらやむを得ず手つだっているといった状態だったらしい。やがて、長女の美佐が母親そっくりのやりくちでナベ・プロを経営するにおよんで、正雄は娘と絶縁し、犬猿の仲になるが、その経緯については後段で詳述しよう――。

曲直瀬花子は、スターダスト・ポーテーションの地方版を企画して、毎月一回「親和会」（のちに如月会）という占領軍将校たちと地元有力者のダンス・パーティを主催した。長女美佐をはじめ娘たちを美しくよそおわせて、パーティに出席させた。

ＰＸの美容師だった菅原寿佐子（すがわら美容院経営）の話——、「奥様はいつも和服を召してらして、それがあちらの方にはとても印象がおよろしかったのですわね。そんなところにも、気をくばってらっしゃったのですね。お嬢さまがたも髪を長く純日本風にして、それはおきれいでした。ご自分ではゆわないで、いつも私どものところで髪をすいたんですよ。とくに、パーティの前の日なんか、すてきなカクテル・ドレスをお召しになってらして、これに合う髪型にね、なんてご自分でおっしゃるんです。エキゾチックな顔立ちでございましょ、それはもうあちらの方に受けてました」

曲直瀬花子も占領軍の庇護のもと、地元政界・財界に顔を売った。「親和会」のパーティには、市長、議員をはじめ、警察署長までやってきて〝日米親善〟に熱心であった。

そうした雰囲気のなかで美佐が何をまなび、どのような人生観——経営哲学を身につけていったか？　現在のナベ・プロ商法の原型を、私たちは曲直瀬花子に見ることができる。渡辺美佐がテレビ・レコード・映画界に、そのテリトリーをひろげたやりくちは、まさに、親ゆずり〟だった。花子＝美佐という女権売弁の系譜は、戦後の〝芸能ブロ〟商法に、一つの典型をつくった。

晋・美佐のめぐりあい

オリエンタル芸能社の破局は、その黄金時代を知るものには信じられないほど突然、しかもあっけなくやってきた。一九五四年四月二十八日付河北新報——、「駐留軍仙台苦竹（シンメルペニヒ）管区司令官ポールセン大佐は、さる十六日、同管区内駐留軍労務者の人員整理を行なうと、両県当局に通告した。解雇理由は駐留軍業務の減少にともなう予算の削減のため……」

一九五二年講和条約が成立すると、九十日間の猶予をおいてPDは廃止された。「一ヵ所に芸能人を集めてキャンプに送るんだが、バスが五十台も来たものだった」（ゲイ・プロダクション、福富健二社長）という全盛時から、占領軍〝芸能プロ〟はたちまち不況に追いこまれた。一九六八年一月現在、占領軍相手の芸能人あっせんを行っているプロダクションは、十指にみたない。しかも、キャンプ専門の業務を行っているのは三社にすぎない。「音楽ショーは、占領軍によって育てられたといってても過言ではありませんが、いまや占領軍芸能は最下層ですね。日本の市場では売れないタレントが、キャンプをまわっているわけです」

講和条約の成立は、〝芸能プロ〟転換の切点であった。しかし……、曲直瀬花子にとっては、敗戦七年間の占領軍とのランデブーはあまりに快適だった。その甘い生活が永遠につづくような錯覚が、彼女の経営戦略を狂わせたのだろう。ポールセン司令官が基地の人員削減を発表してから間もなく、曲直瀬一家はタバコ密売事件で仙台北警察署に検挙された。エンちゃん、徳田三郎、井上胤など、当時の事情を知る人びとの証言によれば、密告したのは司令官の二号になった例の女性だという。

「……けっきょく〝飼犬に手をかまれた〟ということですね。K子（その女性）にしてみれば、人身御供にされたウラミをいきがけの駄賃に晴らしたんでしょう。曲直瀬のママはPXに顔で、芸人あっ

せんのほかに闇物資の横流しもやっていました。タバコだけではなく、余罪も追求されてずいぶんしぼられたらしい」(徳田三郎)

「この事件で、曲直瀬は仙台にいられなくなったんです。新聞には出されるわ、おやじ(正雄)は留置されるわ、おまけにキャンプへの出入りを差しとめられるわ……というふんだりけったりで、そうなると誰も曲直瀬一家のことをよくいわない。これは推測ですが、この事件はポールセン退任の身辺整理じゃないかと思いますね。例の女のことをはじめ、曲直瀬との間にあった醜聞をモミ消すために、こんな事件をおこしたんじゃありませんか」(井上胤)

「あのころ、ラッキー・ストライクをPXで買うと十セント。それを五十円で仕入れて百円で売るんだから倍のもうけだ。そいつをちようどひろげてるところへ専売局のGメンと刑事がふみこんで、写真をパチパチ撮られちまった。びっくりしてると今度は二階へパーッと上っていって、ママの目の前でタバコが隠してある押入れを開けられちゃった。よほど事情を知ってる奴が密告しなくちゃ、こうはいかない。おかげでオレたち東京から呼ばれた人間は、みんな失業だ。曲直瀬は東京へ逃げ出しちまったからいいようなものの、オレたちは当分の間どこでも働けないで苦労しちまったよ」(エンちゃん)

かくて曲直瀬一家は上京し、占領軍とのランデブーば終る(一九五四年夏)。そのころ、美佐は東京で渡辺晋と結婚する。彼女が上京したのは、一九四七年四月、日本女子専門学校(日本女子大)英文科に入学したためである。しばらくの間は寮生活をしていたが、慶応の学生バンド〝リズム・キャンドル〟〝クール・ノーツ〟のマネージャーをひきうけ、そのアルバイトがいそがしいため、出席日数が足りなくなり、一九五二年三月同校中退。

同窓生たちの話――、「寮の規律がきびしくて、ウイーク・デーは門限六時、日曜祭日は七時がきまりでした。それまでに帰寮できない場合は、前もって舎監の許可をとらなければなりませんが、曲直瀬さんはいつも窓から忍びこんでいました。中から彼女をひっぱりあげる役の人がいたりして、いろいろ物議をかもしたものです。そのころ、曲直瀬さんは楽団の方と恋愛していて、私たちには想像もできないような奔放な外の世界のことを話してくれました。ちょっとうらやましくもありましたが、不潔な感じでもありました。私たち地方出身の女子学生には、彼女の生きかたは、しょせん理解も共鳴もできませんでした。やがて、彼女は寮を出て下宿生活をはじめ、学校へは全然出てこなくなってしまいました」

大原恭子教授（前日本女子大学英文学部長）の話――、「彼女は二つか三つ単位が足りなくて、卒業していません。試験に出てこないので、通知を出そうとしましたが下宿先がわからないので、仙台の方に私が手紙で問いあわせたのです。ところが弟さんが〝両親に見つかると大変だ〟というので、その手紙をかくしてしまったらしいんです。なぜ、両親にも内証で学校に出てこなくなったのか、後に会ったとき聞いてみましたが、彼女は理由をいいませんでした。桜楓会（同窓会）には、私が推せんして〝特志会員〟にしてあります。本校を卒業したということに、新聞や雑誌の経歴ではなっていますが、別に訂正することもないでしょう。早くから社会に出て立派な勉強をした人ですから、卒業証書など問題ではないのにと思っていますが」

学歴をいつわっている（そのこと自体は大した問題ではないが）のは、美佐ばかりではなく、夫の渡辺晋も同様である。一九五〇年早稲田大学法学部卒業ということになっているが、実際には五一年七月三十一日付で、出席日数不足、授業料滞納を理由に抹籍処分をうけている。それは、中村八大らと〝シックス・ジョーズ〟を結成して、渡辺晋がジャズ界に斬りこみをかけた時点と見合い、曲直瀬美佐をパートナーとしてえらんだ時点とも見合っている。

「クール・ノーツのテナーと、渡辺晋との美佐の争奪戦は、ちょいとした早慶戦だったね。まあ、けっきょく女ってものは頼りがいのある。将来性のある男をえらぶものだよ。それ以上のことはいえないが、晋と美佐の結びつきは、愛情以外の要素が強かったと、ボクは見ています」（いソノてルオ）

エンちゃんの話――、「昭和二十五、六年ごろ、美佐はナベシンといっしょによく仙台にきていた。ガンモは娘と晋の結婚に大反対でね。というのは、そのころ美佐がヒロポンを打ったりして荒れていたからだが、親父にしてみれば、そんな娘の行状は、バンド・マンの晋とつきあってるからだって思えたんだろうよ。なに、ナベ・シンはがっちりした男で、他人がヒロポン打っているのを横目で見て、自分はゼニためてる奴だけどさ。ガンセ（曲直瀬正雄）は、美佐が芸能稼業に足をつっこむのが、嫌でしょうがなかったんだな」

さて、冒頭にかえろう。一九五二年講和条約発効後、すさまじいシャズ・ブームがおこった。年譜的にいうなら、前年十一月、江利チエミ〝テネシー・ワルツ〟でレコード界にデビュー、ジョージ・

シアリング〝セプテンバー・イン・ザ・レイン〟大流行。駐留軍ＰＤ制限によって、ジャズ界再編成の動きが高まる。同十二月、民間放送ＪＯＱＲ（ラジオ東京）発足。明けて五二年四月、ジーン・クルーパ・トリオ来日、外タレ音楽家第一号として人気爆発。二十八日、日米講和条約発効。

渡辺晋とシックス・ジョーズは、ラジオ東京〝イブニング・コンサート〟に出演、専属契約をむすんだ。当時、美佐はマンダリン・クラブ、ラテン・クオーター等に自由に出入りできる謎の女性として楽隊屋仲間に知られていた。いささか解説をようするが、ラテン、マンダリンなどのナイト・クラブは、不良外人たちの〝東京租界〟である。鹿地亘の監禁事件[*5]で有名なキャノン機関（ＣＩＡ）のアルフォンゾ・シャタックという男が、それらのクラブの経営者であった。

シャタックは、「トーキョー・デベロップメント・カンパニー（東京開発株式会社）」という幽霊会社を設立し、クラブ、トバク場、芸能プロダクションなどを経営した。のちに一九五四年七月、国際トバク事件で手入れをうけた〝フォーリン・ビジネスメン・クラブ〟（渋谷区豊分町）も、シャタックが開拓した〝東京租界〟の系列である。彼はユダヤ系米人で、フリー・メイスンの会員であり、「東洋のカポネ」といわれるマニラの、テッド・ルーインの腹心でもあった。一九四八年、アメリカ国務省が日本と単独講和を結ぶことを示唆すると、彼らギャングの一党はいちはやく来日した。テッド、その右腕といわれるモーリス・リプトン、いかさまト博の元締ジョージ・デ・ビショップ（フォーリン・クラブ事件で検挙）、アメリカ本国からはジェイソン・リー（シカゴ暗黒街の顔役）等々である。私たちはギャング映画のシナリオを記述しているのではない。それは戦後の一時期、私たちの国にまぎれもなくあった現実なのだ。彼ら暗黒街の顔役は植民地日本に〝租界〟をつくり、香港、シンガポール、サイゴン、マニラなどと同じ利権の甘い汁を吸おうと計画した。テッド一味は、キャノン機関を通じて占領軍当局から赤坂見附の一等地の地上権（現ニュー・ラテン・クオーター所在地）を手に入れ、そこを根城にして、東京の夜を支配しようとした。特務機関とギャングは、一九四九〜五一年のいわゆる〝占領暗黒政治〟時代に、強固な同盟軍を形成した。このレポートの取材をすすめるうちに、私たちは下山事件・松川事件のフレーム・アップにも、ギャングたちの暗躍があったにちがいないと確信するに至った。

すくなくとも、暗黒街のボスどもが大手をふってGHQに出入りし、〝赤狩り〟に協力するという名目で当局が直接手を下すことのできない非合法暴力、誘拐、掠奪、押収品の横流しを請け負っていた確証を、私たちはつかむことができた。しかし、その内幕に深入りすることは、このレポートの目的ではない。いずれ、日本占領史の書かれざる暗黒について、私たちは別の報告を世に問おうと考えている――。

アルフォンゾ・シャタックは、永島達司（現協同企画社長）、野村弘（CIE映画演劇課・現新日プロモーション）、ラルフ永良（日本交通交社芸能部・現日綜アーチスト代表）らと組んで〝S・Nプロ〟をつくり、呼び屋を開業し、ジーン・タルーパ、ザビア・クガート、ペレス・プラドなどを来日させた。クガートなどは表むき「東宝芸能」のプロモートということになっているが、舞台裏はテッド一味が糸をひいたギャングの手打ち興行で、シャタックがマネージメントの一切を掌握していたのである。講和条約が発効し、〝占領〟が形式の上で終っても、彼らにはエキストラ・インニングス（延長試合）がのこされていた。占領文化政策のエージェントとしての〝芸能プロ〟はアメリカナイズされた風俗と人心に、米軍特務機関、不良外人と手を組んで虚妄の種子をまき奇型の花を咲かせ、私たちの国の大衆音楽芸能を植民地的退廃にみちびいた。むしろ対日文化政策の意図的、組織的な侵透は、（コンロン報告で触れたように）講和条約後に属するが、その実証は本章に挿入した「戦後芸能史年譜」〔**表3**〕を参照していただきたい。

ところで、曲直瀬美佐が〝東京租界〟のフリー・パスを持っていたという事実をどう解釈するべきか？

「渡辺晋と組んでシックス・ジョーズのマネージャーをはじめた当時、米軍関係の渉外はいっさい美佐がやっていた。顔立ちがよくて英語のしゃべれる女は何でもできた、ということでしょうね。ナベ・プロは与田輝雄とシックス・レモン、渡辺公一とジャイアンツ、やがて中村八大、白木秀雄、平岡精二など、一流のバンドを傘下におさめて発足したんだが、相当の資金が必要だったはずだ。そのスポンサーはラテン・クォーターあたりじゃなかったかと、ボクは睨んでいます」（いソノてルオ）という指摘は、いソノがアメリカ大使館勤務していたことを思いあわせると、かなりの真実性を持ってくるのである。

ナベ・プロ創業当時の会計担当者だった福田吉太郎（第一プロ営業部長）によると「以前のことはわかりませんが、私の知るかぎりでは、スポンサーは曲直瀬ですよ。父親の正雄氏は、渡辺晋と美佐の結婚に最後まで反対でしたが、母親のほうから資金援助があったことは間ちがいありません。神戸のジャズ喫茶コンペ、その他からも三十万円、五十万円と金を借りていたし、経営が苦しかったことは事実ですね。アメリカですか?、さあ、もっとも経営不振と〝ひもつき〟ではなかったということは、関係ありませんからね。美佐さんが米軍関係やラテン・クオーターと密接なコネを持っていたことは、たしかな事実です」

曲直瀬花子が仙台米軍とのランデブーを終り、東京にひき移った時点で、長女の美佐が〝芸能プロ〟稼業をはじめた。いうならば、バトン・タッチである。しかも(いソノてルオ説を採用すれば)占領政策との密接なむすびつきにおいて、娘は母の事業をうけついだのである。そこに私たちは、偶然とはいえない一つの意志の継続を見る。

有限会社渡辺プロダクションが、新橋「天国」裏の東京キューバン・ボーイズの事務所で発足したのは、一九五五年の春、まもなく株式会社に組織変えして、占領軍に接収されていた日比谷三信ビル〝コンソル芸能〟(コンソリデーテッド・オイルカンパニー系列、米軍関係の芸能人あっせん)に、机二つを借用しタダで間借りする。翌年八月、経営不振のため再び有限会社にもどる。いわば、草創期のナベ・プロは、ジャズ・ブームの中で試行錯誤をくりかえしながら飛躍のチャンスをうかがっていた。

その間、父親の反対を押しきって、晋・美佐は九段の〝国の家〟という待合で同棲(一九五三年)する。五四年夏、港区霞町の外人アパート〝国際人クラブ〟に移る。戸籍上の婚姻は、五七年三月十五日であった。

ロカビリー旋風に乗って

一九五一年三月、ワシントン。

カール・ムント上院議員は、「世界にアメリカの〝ビジョン〟をつくろう」と提案した。「……共産主義の三大武器は、飢え・恐怖・無知であり、これを打ち破る最大の武器は、テレビジョンである。われわれは、弾丸をつかわずに、共産主義を克服しなくてはならない。それを最初に行なうべき国家は、日本とドイツである。私の調査によれば、日本の隅から隅までテレビジョンを行きわたらせるための建設費は、四六〇〇万ドルである。これはB36爆撃機のわずか二機分の建造費にすぎない。世界を共産主義の脅威から防ぐために、ただちに〝ビジョン・オブ・アメリカ〟を創設しよう」

NHKニュース解説者、元読売新聞社員柴田秀利は外電を見て、さっそく追放中の正力松太郎をたずねた。正力は以前からテレビ事業の構想を立てていたので、柴田に依頼して、「日本独自の計画で行ないたいが技術的、経済的な援助をしてもらえるか?」と、ムント上院議員の意向を打診することにした。

四月二十三日、柴田渡米、ムント議員の顧問でかってヴォイス・オブ・アメリカを創設した、弁護士ヘンリー・ホールスセンを訪ねた。

「……日を定めて、ニューヨークのホールスセン氏の自宅を訪問すると、そこには、国際連合通信施設を設計した、ウォルター・ダスモンスキー博士も待っていて、話はとんとん拍子に進んだ。同氏らは、日本における民主主義確立のためには、もちろんテレビジョンが最高であるが、さらに日本の経済、ならびに国防上にも欠くべからざるものとなるので、正力氏を中心として日本実業界の指導者たちが、真に結束してテレビの全国網を創設するならば、アメリカも喜んで応援すると思う。それがためにアメリカの優秀な技術および日本にできない設備、これに要するドルも心配しようという、夢のような話であった」（室伏高信『テレビと正力』）

紆余曲折はあったが、「アメリカの援助」でテレビ局が誕生する。ＮＨＫとＮＴＶの電波争奪戦は、ペンタゴン（アメリカ国防省）からの推薦状でＮＴＶに凱歌があがった。

国防省の推薦状――、「軍事的立場からするわれわれの見解は次のとおりであります。即ち、かかるネット・ワークは望ましいものであると同時に、必要とされるものであり、その軍事的能力を増進し、さらにまた、日本を外部からの侵略から防衛せんとする、日米相互の努力に、相当の助力となるということであります。したがってそれが、輸出入銀行の借款政策と合致するものであるならば、本通信網（日本テレビ）の発展のために、日本政府は援助を供与されんことを推薦いたします」

一九五三年七月、朝鮮戦争終結。八月二十八日ＮＴＶ開局。日本テレビ網は「アメリカの軍事的能力を増進し」「世界を共産主義の脅威から防ぐ」ために発足した。それから十五年の歳月の経過は、日本人の生活からテレビを切っても切り離せないものにした。民衆はそのマス・メディアを通して思考し、あるいは思考を停止するように馴らされている。〝ビジョン・オブ・アメリカ〟は、正力松太郎の〝日本人自身の手で〟という要請で、「日本テレビ」に変形した。アメリカは日本の占領政策を直接支配から間接支配にきりかえ、文化的植民地政策のエージェントによって隷属を押しすすめた。

ＣＣＦ（文化自由会議）事務総長ニコラス・ナボコフが東京にあらわれたのは一九五四年の秋である。この反共文化工作のベテランは、来日するとさっそく、文化反動のキャンペーンを開始した。ナボコフの前歴は、「一九四四年、アメリカ陸軍省軍属要員として、戦略焼撃調査団〝士気高揚部隊〟に所属し、ヨーロッパに渡る。引き続き映画・演劇・音楽の合衆国軍政府情報統制機関の主席代表。一九四七年、ニューヨークにかえり、国務省の要請により〝ヴォイス・オブ・アメリカ〟ロシア語放送部門を組織した」（『呼び屋』より）

五五年二月、「音協」（音楽文化協会――理事長・元住友銀行頭取鈴木剛）、十月「芸文」（日本芸能文化センター――会長・渋沢秀雄）、十一月「国際文化交換協会」（ＫＢＫ――会長・藤山愛一郎）。体制側の「文化団体」が、ナボコフの〝助言〟で次々に生まれた。財界・経営者団体のバック・アップによるそれらの団体は、〝芸能プロ〟とむすびついて、「労音」「うたごえ」等の反体制組織に対抗する勢力をつくりあげようとした。ナベ・プロが発足したのは、まさにその時点であった。

一九五四年～五七年、政権は吉田茂から鳩山一郎、鳩山から石橋堪山、そして元〝Ａ級戦犯〟岸信介へと移動した。

自衛隊の増強は、「核兵器の保有も可能」（五七年五月、岸首相国会答弁）なまでに達した。内灘、妙義、北富士、砂川と、軍事基地をめぐる紛争が全国にひろがった。五七年一月三十日、群馬県相馬ケ原米軍演習場で、弾丸の破片を拾っていた農民の主婦坂井なかを、三等特技兵ウィリアム・S・ジラードが撃ち殺した。[*6]

満二十歳の米兵は、「ママさん、だいじょうぶ」と手まねきして、至近距離から小銃を発射した。日本人を虫ケラとも思わぬ、なんともかともいいようのない兇行であった。

〝日本の〟裁判所は執行猶予四年の判決を下した。検察側は控訴しなかった。ジラードは、売春婦上がりの日本人妻をともなって帰国した。弾丸の破片を拾わなければ生活していくことができなかった日本の民衆と、それを撃ち殺しても〝罪〟にならないアメリカ兵と――。

下火だったマンボが復活していた。〝ペレス・プラドの演奏がテレビに乗ったからである。

街でも、村でも、「マンボ・タリアノ・ヘイ・マンボ」と、若ものたちが熱にうかされた。Hライン・Aライン・Yラインと、目まぐるしく移り変るファッションが、少女たちの関心をとらえ、「落下傘スタイル」という〝傑作〟を生みだした。ネコも杓子も釣鐘のように裾のひらいたスカートをひるがえした。少年たちは慎太郎刈りに丸首シャツ、本紺ズボン（のちにジーパン）といういでたちで闊歩した。

クイズ・ブーム、登山ブーム、太陽族ブーム、電化ブーム……ブーム、ブームで大衆は煽り立てられる。

女風呂をガラあきにした、「君の名は」（ラジオ・ドラマ）ブームは去り、テレビ時代が幕をひらく。

「忘却とは忘れ去ることなり、忘れ得ずして忘却を誓う心の悲しさよ……」

テレビの普及と併行して、週刊誌ブームがはじまる。神武景気がナベゾコ景気に転落した一九五八年、鉄道弘済会あつかいの週刊誌は一九種類であったが、翌五九年、三七種類に倍増し、安保斗争の六〇年に五十種類をこえた。ブームを決定的にしたのは五九年四月十日の皇太子結婚、そして過剰商品のナベゾコ景気打開のため、メーカーが必死にPRした〝デラックス・ムード〟であった。「ボーナスをあてこむ広告の文字まぶし、小企業労働者の妻なる我は」（日本経済新聞歌壇より）

週刊誌は、民衆の〝飢餓感〟を代償する「心理商品」としてあらわれた。とりわけ女性、芸能・週刊誌の登場に、その傾向は顕著であった。華麗な外国の風景グラビア、パリ・コレクション、イタリアン・コレクションなどモードグラビアは、少女たちの〝デラックス〟へのあこがれを充たした。もちろん、それは現実に充たされたのではなく、空想の中の自慰にすぎなかったが、現実のまずしさを、「あなたも美しくなれます」というマス・ビューチフルの幻想はごまかしてしまう。

ハイ・ソサエティへの憧景――その虚構のヒエラルキーの頂点に皇室をおけば、まやかしの夢は完成する。ミッチーから浩宮へ、女性週刊誌の巻頭を「ご成婚」以来あきもせず〝あこがれの象徴〟は飾りつづける……。

そして、芸能界のスキャンダルは、有名人にも庶民と同じ人間的弱点があり、不幸があることを暴露して、庶民を安心させ、また美談やゴシップは、芸能人スターへの〝疑似的接近〟で羨望、嫉妬を消去する。テレビと週刊誌――「二頭立ての馬車」に乗って、遊びを通じての支配は庶民社会に浸透していった。

「繁栄が、永遠に続くかのような幻想をあたえること、泰平ムードが必要なこと、大衆の中に潜在する反体制のエネルギーを、娯楽やスポーツや消費によって拡散しマヒさせ、創造的な思考を霧の中にとじこめること……」（大門一樹『ゆがめられた消費』より）

だが、消費ムードの煽り上げは、同時に大衆の〝心理的焦燥感〟をつくりだす。ブーム、ブームの積みかさねの後に、いわゆるマス・ヒステリア、大衆狂乱の風潮がやってきた。経済復興――消費革命の幻想に対して、庶民階級にはようやくはげしいフラストレーションが内攻し醸成される。とりわけ、若ものたちの間に、欲求不満がひろがっていく。

一九五六年五月、『太陽の季節』映画化、石原裕次郎デビュー〝太陽族〟の象徴となる。そして、エルビス・プレスリー、〝ハート・ブレイク・ホテル〟の狂熱的な絶叫が、若ものたちの心をとらえる。

ロカビリー・ブーム。

五七年一月、美空ひばり浅草国際劇場出演中、ファンの一少女から顔に塩酸をかけられる。「みじめな自分にひきくらべて、皆にチヤホヤされているひばりちゃんが憎くてたまらなかった」

メケ・メケ、バナナ・ボート、映画「明治天皇と日露大戦争」、創価学会進出、ロカビリー喫茶続々と誕生、銀座「美松」「ACB」新宿「ACB」池袋「ドラム」。かくて、一九五八年二月〝日劇ウェスタン・カーニバル〟開催。ナベ・プロは大衆狂乱のロカビリー旋風に乗って、芸能界の桧舞台に躍り出る。

週刊朝日に連載された渡辺美佐『ナベ・プロ奪戦記』（おたまじゃくしと私）は、ウェスタン、カーニバル開幕前夜から書き出される。ナベ・プロ伝説の多くは、「突然ふってわいた幸運」ともいうべきロカビリー・ブームによって晋・美佐夫妻の今日はきずかれたと、まるでシンデレラのお伽話のような〝成功美談〟をでっち上げる。だが、以上のナベ・プロ前史を見ていただけば、その成功は偶然や場あたりによるものでないことが理解できるはずだ。そのような土壌（社会情勢）があり、土壌に見合う種子はまかれた。ロカビリー・ブームこそ、戦後大衆音楽芸能史のもっとも大きな峠であり、分水嶺であった。ナベ・プロは、時流の波のうねりに乗り、ドドンパ、ツイスト、モンキー、エレキ、ゴーゴー、グループ・サウンズ……と高まり狂躁する一九六〇年代のポピュラー・ミュージック界をリードし、支配していった。

音楽文化を向上させようとする意志、日本人の情緒に芸術的なエトバスを付加しようとする精神など毛頭なかった。ナベ・プロが演出した音楽風俗のマス・ヒステリアは、ただただ脂ぎった商魂――詐術による〝道化芝居〟にすぎなかった。私たちは、ナベ・プロへの感情的な敵意からそういうのではない。第一回ウェスタン・カーニバルのスターであった、ミッキー・カーチス、岡田朝光、山下敬二郎らが、やがて仇花のように芸能界から消えていった事実は何をもの語るのか。ウェスタン・カーニバルは、一人の日本のプレスリーを生むこともできなかった。それは、若ものたちを無目的々に煽動して、そのエネルギーを体制の壁からそらすことにのみ役立った。少年少女の貧しい財布から、なけなしの小づかいを収奪してナベ・プロは肥えふとった。〝遊びを通しての支配〟は、晋・美佐夫妻に巨利をもたらし、彼らもまた「二頭立ての馬車に乗って」芸能界を征服していった。竹中労による晋・美佐夫妻のインタビューを次にかかげよう。

竹中／世間の悪評を聞いていますか？

美佐／ええ、でも、どうしてそんなに悪くいわれるの。私たちは、一生けんめい若いタレントを育てているだけなのに。

晋／虚像ですよ、マス・コミがボクらを誤解して、虚像をつくっているんです。

美佐／ほんと、この商売ってそんなに割にあうものじゃないの。ただ忙しいだけ……（晋をふりかえって）ね、ほんとよね。週刊誌なんかに、ほんとに理解してほしいわ。

竹中／マス・コミ、とりわけ週刊誌の力でナベ・プロは大きくなったんだと、私は思いますが、それはまあいいでしょう。ところで、その忙しかった十何年をふりかえって、ナベ・プロが残した業績といえるものはいったい何なのですか？

晋／いや、これからです。私たちは、いまそれをつくりだすプロセスの中にあるのですからね。

竹中／プロセスにしては、少々長すぎはしないでしょうか？　たとえば、ナベ・プロは一人のプレスリー、一人の美空ひばりを生みだすことすらできなかった。新しいリズムも、ミュージカルも、真に大衆的といえる芸能をも生みださなかった……という批判には、どう答えますか？

晋・美佐／（無言）

竹中／ロカビリー旋風にしたところで、あなたがたは若い人たちのあいだにすでにあったものをブームに乗せ、テレビにのせたのにすぎなかった。いまヒットしているグループ・サウンズにしても、ビートルズのスタイルを日本に輸入したのは田辺昭知くんのザ・スパイダースでしたね。園まり、森進一の艶歌調にしてもオリジナルなものではないし、ひばりを抜くものでは到底ありませんね。ちがいますか？（晋はうなずくが美佐は不気嫌に黙る）すると、ナベ・プロがのこした業績は、つまり、ナベ・プロをつくったということだけになりはしないでしょうか？　マネージメントという仕事を企業化し、組織化したというそれは、それなりの意義があったと、私は思っていますが……。

晋／そういう批判は、やはり甘んじて受けねばならないでしょうな。私自身、事業家としての夢は果たしたが、音楽文化の面で見るべき成果はなかったと、卒直に考えております。

竹中／いささか書生の論になりますが、音楽文化への〝志〟をぬきにして、音楽の仕事ができるものでしょうか？

美佐／これからですよ、これからいろんなことを考えていかなくちゃ……

竹中／それは、万博の芸能プロデュースをひきうけたり、音楽出版レコード会社などの〝事業〟を拡張することですか？

美佐／ええ、まあ、そういうことですねえ。（一九六七年十月三日、週刊『女性自身』所載）

……ロカビリー旋風に乗っての成功は、〝美佐の動物的触覚がそれを捉えた〟とされている。だが私たちは、『ナベ・プロ奪戦記』の記述が真実からよほど遠いことを、ごく初歩的な取材によって知ることができた。いったい週刊朝日のような〝権威ある〟ジャーナリズムが、どういうわけで、この不正確きわまりないナベ・プロの大提灯記事を連載したのか？　私たちは、理解に苦しむのである。『奪戦記』によれば、昭和三十二年（一九五七）十一月のある寒い夕方、渡辺美佐は妹の曲直瀬信子に誘われて、有楽町ビデオ・ホールに山下敬二郎を見に行ったとある。そこで、天啓のように〝何か〟がひらめいた。「私はそこでロカビリーを完全につかんだ。いや、とらえられたのである……」

だが、「テネシー」「ACB」等に楽団を入れていた美佐が、やはりジャズ喫茶に出演していたロカビリアンを見たり、聴いたりしなかったはずはないのだ。そして、ロカビリーの元祖であるエルビス・プレスリーが、日本の若ものたちの間にアイドルとして迎えられたのは、五六年の夏からであった。深沢七郎が「プレスリーはボクの神様です」といったのも、そのころである。もし、美佐がロカビリーを知らなかったとしたら、音楽芸能プロダクションの経営者として失格ということになる（？）。

まわりくどい絵解きはやめよう、有楽町のビデオ・ホールで「ロカビリー大会」が開かれることを、美佐は街ばりのポスターで知った。前々から、若ものたちの心をとらえているこの歌曲に関心があった彼女は、出演歌手をスカウトするために、会場をリサーチに行った。営業部長の福田吉太郎が「採点表」をつくり、ステージ・マナー、歌唱力、演奏力などを記入するメモを作成して、美佐と同道した。

「美佐さんと私と二人の採点を照合して、出演者をえらぶ手はずでした。ということは、つまりウェスタン・カーニバルの計画が、すでにすすめられていたのです。このときの採点では、山下敬二郎は落ちました。が、美佐さんの意見で、〝これも入れておこう〟と決めたわけです。さて、〝どこにのせる？〟〝思いきって日劇に当ってみようよ〟……そこから晋さんが相談に加わりました」（福田吉太郎の話）

晋・美佐夫妻にとって、ウェスタン、カーニバルの成否はイチかバチかの賭けであった。浅草の国際劇場で断わられ、演出家伊藤康介を窓口にして、山本紫朗、支配人長谷川十四郎、さらに東宝上層部を動かすことができた。タレントのギャラはプロダクション持ちという、きびしい条件であったが、後になってこれが幸いする。なぜなら、第一回の出演料はわずかに二千円、「日劇に出られるのだから」と若いロカビリアンたちを口説き落した。ところが当のナベ・プロが仰天するほどの大当り、次回からは、むしろ出演希望者を断わるのに苦労するといったありさま。現在も〝権威ある〟日劇ウェスタンは、何十万あるいは百万円のブルー・コメッツ、スパイダースにも、万の単位でしかギャラを支払わぬシステムである。つまり、タレント収奪の一つのパターンが、そこでつくられたのである。

ロカビリー旋風の演出は、「親衛隊」という大衆狂乱の尖兵を生みだした。ようするに、サクラである。ステージにかけ上り、演奏しているロカビリアンに抱きついたり、髪をむしったり、キッスをしたり、テープを投げたり……。すると、「親衛隊」に触発された聴衆が、付和雷同して叫びだすという仕組みみだ。それは音楽的興奮と、いささかニュアンスを異にする情景である。いうならば、十代前期の少女たちの未熟な性欲を煽動してつくり出す、情緒のパニックである。私たちは必ずしも、それを「音楽と無縁である」とは考えない。音楽が生命の根源と深くかかわる以上、とうぜんエロチックな側面を持ち、性的興奮をともない、判断中止――没我の情態（オルガスムス）にみちびく作用がなくてはならない。黒人ジャズも、アフロ・クバーノも、ビートルズも、阿波踊りも、そうした〝音楽〟である。ロカビリー、またしかり。だが、そこからリファインされ、昇華されたテクニックが生れ、しかもなお人の魂をゆり動かす興奮を失わぬとき、はじめて、それは真性な意味での音楽と呼ばれるのだ。

渡辺美佐が「親衛隊」を使って、〝生理的に〟つくりだしたロカビリー旋風には、そうした音楽上のイデオロギーなどどこにも見当らなかった。彼女自身が『おたまじゃくしと私』の中で、こういっている。「……私が初めてピーナッツに出会ったのは、昭和三十三年の秋である。日劇を震源地とするロカビリーが地方都市で猛威をふるい始めたころであった。〝ロカビリーは若者の音楽よ、真底から魂をゆり動かすのが本当のリズムよ〟と威勢のいいことを並べたててはいたが、正直な話、ワアワア、キャアキャアが、私自身ハナにつきはじめていたのである」

ウェスタン・カーニバルを開催したその年の秋には、もうロカビリーがハナについていたという。彼女にとっては音楽も、それを愛する若ものたちも、どんらんな事業欲――自己顕示の欲望をみたす手段以外の何でもありはしなかった――と見るのは、私たち執筆グループだけだろうか。それは、藤木孝（ツイスト）から、現在のタイガース（グループ・サウンズ）に至るまで一貫している、ナベ・プロ商法である。その時々に流行する音楽を手当りしだいにとりあげて、タレントをひきぬき速製して、週刊誌に売りこみ、スターの〝虚像〟をでっちあげ、マス・ヒステリアに乗せていく。パニックはおこり、去る。タレントは消えていく。——後には、何も残らない。無である。

植民地愚民政策のエージェントとして、これほど理想的な存在はない。ナベ・プロは、〝ザ・ヒット・パレード〟〝おとなの漫画〟などを、五七年十一月スタートしたフジTVに送りこみ、ザ・ピーナッツを売り出して、地歩を固めていった。「音協」とのむすびつき、NHKへの食いこみ、アメリカ前大使ライシャワー、現総理佐藤栄作とのコネクション等は、一九六〇年〝安保闘争〟後に属するが、ともあれナベ・プロは体制側に密着し、テレビ、映画、レコード資本との提携によって、芸能界の〝王座〟にのしあがっていった。一九五九年春、ナベ・プロ傘下の音楽家、タレントは左記の通り。

○渡辺晋とシックス・ジョーズ／白木秀雄クインテット／スマイリー小原とスカイ・ライナーズ／平岡精二クインテット／中村八大モダン・トリオ／ハナ肇とクレージー・キャッツ○（以下ロカビリー）寺本圭一とカントリー・ジェントルメン／山下敬二郎とレッド・コースターズ／堀威夫とスイング・ウェスト／井上ひろしとドリフターズ○（以下コーラス）伊藤素道とリリオ・リズム・エアーズ／ダイヤモンド・シスターズ○（以下歌手）かまやつ・ヒロシ／ミッキー・カーチス／守屋浩／エセル中田／中島潤／マノロ・バルデス／ザ・ピーナッツ、事務員二十七名、月間取引一千万円、恒例日劇ウエスタン・カーニバルをはじめ東宝との提携を強化して、ロカビリアンを映画に送りこんだ。「独立愚連隊」「青春をかけろ」「艦の中の野郎たち」等である。ジャズ喫茶「ACB」「美松」「ドラム」と契約して、演しもの一切をナベ・プロで組む方式をとる。ブレーンは藤井肇（NTV音楽課長・退職後ナベ・プロ入り）、すぎやま・こういち（フジTVディレクター・現在フリー）、伊藤寿二（東京新聞文化部記者）、八巻明彦（報知新聞文化部・現在事業部長）、草野昌一（音楽雑誌ミュージックライフ編集長）、いソノてルオ（当時アメリカ大使館勤務・音楽評論家）、岩堀喜之助（平凡出版社社長）、石坂範郎（東芝）、伊藤信也（ビクター）、牧野剛（キング）

ロカビリー旋風で当りをとった晋・美佐ば、いっきょに芸能界を征服しようという野望にとり憑かれた。五八年三月〝ヒット・パレード〟発足、企画料なし、出演料ゼロ、「制作・渡辺プロダクション」のタイトルを入れるという、〝犠牲的〟条件でこの番組は一年間つづけられた。

「仕込み一回二十五万円として、五十二週間タダ、ギャラ十六万円のチエミなんかも使いましたから、おそらく千七、八百万円の赤字になるでしょう。そういう資金プールがどんなカラクリで可能だったのか、当時は資金ぐりにタッチしていませんでしたから、わかりかねます。プロダクションの発足よりも、むしろその時点で不思議な金がうごいたと、私は見ています。アメリカ説（大使館の援助）、東宝説、第三国人（コパ・カパーナの経営者等）説、曲直瀬説など、いろいろささやかれましたが、ともかくどこかに金ヅルがあったことには間ちがいありませんね」（福田吉太郎現第一プロ営業部長）

ヒット・パレードを追いかけて、クレージー・キャッツの〝おとなの漫画〟が発足する。福田吉太郎によれば、「彼らを売りこんだのは私ですが、クレージーはナベ・プロの中でも最低に冷遇されていて、二級酒も飲めないような状態でした。新橋駅のヤキトリ屋で、よく一諸にショーチューを飲んでは愚痴を聞いたものです。そこで、すぎやま・こういちに頼んで、一回一万円というギャラで売りこみました。もともとジャズ・バンドというより、チンドン屋のような連中でしたから、朝刊から取材したニュースでコントをやらせようということにしました。ところが、第一回のオン・エアのときに作者の永六輔が、どこかへ消えちまった。ピンチ・ヒッター青島幸男が、そのおかげで売り出すことになったというわけです。それから五年間もつづいたこの番組で、クレージーの人気は決定的になりました。ナベ・プロのタレント政策は（タレントばかりでなく社員に対してもそうですが）、徹底的にしぼりあげるやりかたで、稼ぎの悪いものにはまったく残酷非情でした。書かないと約束していただければ、私は真実をすべて語ってもよいと思っています。たしかに、ジャーナリストに車代を配ったり（会計責任者である私が伝票を切ったのですから間ちがいありません）、むろん、テレビのディレクターたちもご同様でした。私がこれから話すことは、活字にしないでハラの中にしまってください。ただ、そういう真相があったのだということを参考にして、取材をすすめていただきたいと思います」

福田吉太郎の談話は、（彼が会計責任者だったから）自分自身をもふくめて罰するといった、きびしい反省にみちたものだった。私たちは、彼との〝紳士協定〟を守ることにしよう。ただその談話をヒントにして、私たち自身が確かめた事実については、えんりょえしゃくなく暴露していくつもりだ。

敗戦から一九六〇年〝安保闘争〟の直前までを一区切りとして、ナベ・プロ戦後史に、ここで一応ピリオドを打つことにしよう。ともあれテレビ時代の開幕は、すなわち、渡辺プロダクション黄金時代の開幕であった――。

〔表3〕戦後芸能年史譜（一九四五―六〇）

一九四五年（昭20）

8月　15日敗戦、その日の午後から当分の間一般放送中止さる。23日復活、映画演芸も興行中止、21日復活。松竹映画興行中止、21日復活。松竹映画「新版愛染かつら」全国で上映、人気を博す。30日マッカーサー、厚木飛行場へ到着。

9月　映画監督、島津保次郎死す。NHK軽音楽の演奏をはじめる。東京日比谷公会堂で東宝音楽会開催。在日米軍むけWVTR（後にFEN）放送開始。GHQ、新聞・ラジオ・映画の検閲を発表。米軍二三三楽団、ラジオ放送に登場。米軍、朝鮮へ進駐。天皇マッカーサーを訪問。

※　仙台市にアメリカ軍進駐。

10月　GHQ演劇統制撤廃を指令。検閲映画第1号「そよかぜ」封切、並木路子「りんごの歌」大流行。「赤旗」再刊。宝くじ第一回売出し。

11月　大阪歌舞伎座、京都南座、東宝劇場、日劇等再開。日本芸能人による占領軍慰問はじまる。日本コロムビア「ビギン・ザ・ビギン」「眼に入った煙（煙が目にしみるの直訳）」を発売。歌舞伎座「寺子屋」を上演してCIEより中止される。浪曲、講談、戦前の歌謡曲など放送禁止の勧告。戦後初の大相撲秋場所開く。社会党・自由党結成。

12月　占領軍の指示によりNHK「真相はこうだ！」放送開始。同番組前にジャズ放送「ニューパシフィック・アワー」。第一回紅白音楽試合（紅白歌合戦の前身）。新劇合同第一回公演「桜の園」。近衛文麿自殺。

一九四六年（昭21）

1月　NHK「素人のど自慢」司会宮田輝ではじまる。洋楽ファンWVTRに熱狂。天皇神格化否定宣言。公職追放令。日映演結成（組合員二七〇〇名）。

2月　預金封鎖、インフレ激化する。農地改革実施。戦後最初のアメリカ映画「キューリー夫人」、ダービンの「春の序曲」封切。アテパイル（現東京宝塚劇場接収）開場。

3月　第一次東宝スト、「スタイルブック」創刊さる。

4月　戦後初の衆院選挙。「スイング・ジャーナル」創刊、B6表紙とも24ページ、定価15円の印刷をゴム印で20円に訂正（インフレ急激に進行）。プロ野球再開。

※　曲直瀬花子・芸能プロ（オリエンタル芸能社）を設立。

5月　吉田内閣成立。米よこせデモ皇居へ。メーデー復活。極東国際軍事裁判開廷。松竹「はたちの青春」大映「或る夜の接吻」、はじめてのキス・シーン。六大学野球再開。

6月　渡辺弘と「スター・ダスターズ」結成さる。日本人相手のキャバレー誕生、高級クラブ「エスクワイア」でバンド演奏。

7月　米、ビキニ環礁で原子爆弾の海面爆発実験。国鉄第一次第二次首切り通告。ソニア・ヘニー、グレン・ミラー出演の「銀嶺セレナーデ」封切。社交ダンス熱。

8月　東宝、ニューフェイス募集、三船敏郎スカウト。ブギ・ウギ爆発的流行、笠置シズ子売り出す。池真理子の「愛のスイング」映画主題歌「悲しき竹笛」ヒット。
※　渡辺晋、花柳芸能社に入社。
9月　伊丹万作死す。第一回芸術祭。
10月　文部省主催の芸術祭はじまる。NHKにストライキ、文化産業に争議ひろがる。映画「我が青春に悔なし」封切。
11月　東宝争議分裂、大河内伝次郎、長谷川一夫ら争議団を脱退し「十人の旗の会」を結成。二葉あき子・「別れても」流行。三越劇場開場。
12月　「話の泉」はじまる。

一九四七年（昭22）

1月　31日GHQが二・一ゼネスト中止を命令。電力不足で浅草の劇場一斉休館。戦後流行歌拾頭、岡晴夫「啼くな小鳩よ」渡辺はま子「雨のオランダ坂」平野愛子「港が見える丘」二葉あき子「夜のプラットホーム」藤山一郎「夢淡き東京」その他。東京帝都座五階劇場で日本初のストリップショー。
3月　教育基本法公布。社共絶縁。
4月　新東宝誕生。東宝争議深刻。新教育六三三制発足。衆院選挙で社会党第一党となる。
※　渡辺美佐、日本女子大英文科入学。
5月　新憲法公布。歌舞伎の「寺小屋」解禁。

6月　日本ダービー復活。

7月　計画遅配二十日を指示。「向う三軒両隣り」「鐘の鳴る丘」開始。「ニュー・パシフィック・アワー」の人気上昇（のちにスターダスト・ショウと交替）、スイング・ジャズ熱高まる。

8月　空気座の「肉体の門」馬鹿当り。

9月　中共、東北に人民政府樹立。

10月　キーナン検事「天皇と実業界に戦争責任なし」と言明。東京地裁の山口判事、配給生活を死守して栄養失調死。「日曜娯楽版」はじまる。笠置シズ子「東京ブキウギ」菊地章子「星の流れに」流行、戦後歌謡の明暗を分ける。

11月　「二十の扉」開始。上野駅地上道で餓死者続出。

一九四八年（昭23）

1月　初公開フランス映画「美女と野獣」超満員。松田トシ「ブンガワン・ソロ」田端義夫「別れ出船」特別調達庁オーディション開始、これにより占領軍娯楽施設に出演する芸能人のランク、ギャランティが決定した。占領軍あいての〝芸能プロ〟簇生。帝銀事件。

3月　新橋演舞場再開さる。

　※　渡辺晋、〝スイング・ボックス〟入団。

4月　東宝一二〇〇名の人員整理発表。共産党民主民族戦線提唱。映画「酔いどれ天使」封切。

6月　太宰治情死。

7月　戦後はじめて「忠臣蔵」上演。
8月　東宝争議、米軍弾圧により敗北。第一騎兵師団、戦車、軍用機出動、「来なかったのは軍艦だけ」。
9月　全学連結成。古橋広之進、数々の世界記録樹立。
10月　昭電疑獄で芦田内閣倒れる。
11月　極東軍事裁判で東条以下に絞首刑の判決。「異国の丘」の作曲者吉田正デビュー。シナトラ「何故かしら」「パラダイス」日本コロムビアより戦後輸入原盤第一号として発売。クラシックはブルーノ・ワルター指揮の「運命」

一九四九年（昭24）

1月　「私は誰でしょう」「とんち教室」はじまる。
2月　大阪労音発足
3月　戦後初のジャズ・コンサート、第一部（レコード演奏）アメリカン・ヒット・パレード／司会者野川香文、第二部（同）デューク・エリントン未発売盤紹介／野口久光、第三部（実演）ゲイ・クインテット（のちにゲイ・セプテット）／河野隆次。前進座、日共へ集団入党。
6月　映画界に母ものブーム。芥川賞復活。
7月　イールズ、新潟大学で反共演説。下山事件。三鷹事件。直木賞復活。
8月　コロムビアのL盤「ボタンとリボン」で発足大好評、対抗シリーズのビクターS盤をうながし、ポピュラー・ミュージック熱を煽りあげる。高峰秀子「銀座カンカン娘」。松川事件。キティ台風上陸。

10月　中華人民共和国成立宣言。ＧＨＱ民間検閲局、放送番組の検閲を廃止。サンフランシスコ・シールズ（野球）来日。美空ひばり「悲しき口笛」。

11月　プロ野球、二リーグに分裂。湯川秀樹ノーベル賞受賞発表。田中絹代渡米。

一九五〇年（昭25）

※　渡辺晋、中村八大らと〝シックス・ジョーズ・アンド・ジェーン〟結成、曲直瀬美佐を知る。

1月　コミンフォルム、日共を批判。社会党左右両派に分裂。ＮＨＫ「愉快な仲間」のレギュラーに森繁久弥が登場。田中絹代アメリカから帰国。

2月　新派の名優井上正夫死去。朝日・毎日両紙朝夕刊両建て発行開始。

3月　入場税10割（純音楽は4割）となる。映画「また逢う日まで」。古賀政男、市丸渡米。その後、霧島昇、二葉あき子、渡辺はま子、山口淑子、榎本美佐江らが朝鮮戦争をよそにぞくぞく渡米する。「近代映協」設立物。

5月　イールズ事件（東北大、北大でイールズを拒否）。

6月　美空ひばり、川田晴久「東京キッド」ハワイ・ロケ。6日日共幹部二十四名追放、アカハタ停止令。17日ＣＩＡ長官ダレス来日。21日ダレス、マッカッサー会談。25日朝戦戦争ボッ発。伊藤整訳「チャタレイ夫人の恋人」起訴。映画「きけわだつみの声」封切。

7月　プロ野球、後楽園ナイターはじまる。金閣寺焼亡。特需ブーム。

8月　予備隊政令公布。

9月　山際・佐文「オー・ミステーク」事件おこる。光クラブの学生社長自殺。映画界レッド・パージはじまる。

10月　中共、人民義勇軍を北朝鮮にくり出す。ムオドール監督、ジョー・ディマジオ来日。「S・Nプロ」創立（シャタック・永島達司）

11月　NHK「日曜娯楽版」に上部の圧力が加わる。「君が代」復活。明治座開場。

一九五一年（昭26）

1月　NHK第一回「紅白歌合戦」。歌舞伎座再建（藤原歌劇団「カルメン」）

3月　「メーデーに皇居前の広場の使用禁止」を次官会議で決める。日本初のカラー映画「カルメン故郷に帰る」封切。第一回アジア競技大会。

4月　東映株式会社発足。桜木町電車焼失事件、一〇五名死亡。マッカーサー罷免帰国。

5月　NHKの招待で指揮者ローゼンシュトック来日。

6月　第一次追放解除令。高峰秀子パリへ脱出。〝拳銃王〟のケニー・ダンカン、外人タレント第一号として来日、呼び屋繁栄の基礎。新宿ムーランルージュ解散。林芙美子死す。

7月　朝鮮休戦会談。J・F・M（ジャパン・フェデレイション・オブ・ミュージック）――音楽家ユニオン発足。

8月　剣戟映画の制限廃止となる。

9月　サンフランシスコ講和条約および日米安保条約調印。「羅生門」ベニス・グランプリ。関脇力道山プロレスに転向す。民間放送へ新日本・中部日本）はじまる。

11月　NHK「三つの歌」。「テネシー・ワルツ」三十万枚売る。ジャズ界に再編成の動き。横浜コロニアル・クラブ、GHQのFMクラブ等で米人プレイヤーに日本人をくわえてバンド結成。鹿地亘事件。

12月　ラジオ東京、京都放送開局。大山郁夫スターリン平和賞うける。

※　シックス・ジョーズ、ラジオ東京と専属契約をむすぶ。曲直瀬美佐マネージャーとなる。

一九五二年（昭27）

1月　李承晩ライン宣言。白鳥事件。CIEラジオ課、NHK放送番組の指導を中止。女剣劇大流行、ストリップも全盛。チャタレイ裁判有罪判決。

3月　日本文化放送開局。日劇ミュージックホール開場。米軍人の日本人花嫁七〇人が渡米。

4月　28日講和条約発効、GHQ廃止。29日歌舞伎座で美空ひばり、「リンゴ追分」を唄う。ラジオドラマ「君の名は」はじまる。ジーン・クルーパ・トリオ、ベティ・ハットン来日。シャンソンのブーム静かにおこる。もく屋号三原山に衝突、大辻司郎死亡。

5月　血のメーデー、五・三〇事件。「ヤンキー・ゴー・ホーム！」流行語となる。日米合作映画「いついつまでも」。東京のPD工場にストの波ひろがる。白井義男、世界フライ級選手権獲得。

6月　エロ歌謡追放「トンコ節」「あなたはほんとに凄いわね」。ウィリアム・ホールデン来日。米国芸能人の来訪目立つ。

7月　住民登録実施。破防法公布施行。羽田空港、米軍より返還。LP盤発売始まる。第十五回ヘルシンキ・

オリンピック大会。
8月　ラジオ受信契約一〇〇〇万突破。
9月　マーガレット・オブライエン来日。ベニスで溝口健二「好色一代女」入賞。映画「原爆の子」封切。
10月　警察予備隊を保安隊に改める。
12月　作曲家中山晋平、松竹のバイプレイヤー河村黎吉死す。

一九五三年（昭28）

1月　「ひめゆりの塔」ヒット。入場税5割にさがる。アイゼンハワー米大統領に就任。
2月　NHKテレビ試験放送。ジューン・クリスティ、ケーリー・グラント来日。雪村いづみ「想い出のワルツ」。ジャズ・コンサート・ブームはじまる。フル・バンドにかわって、コンボが人気の中心。
※　シックス・ジョーズ、クール・ジャズをとり入れて人気上昇。
3月　ザビア・クガート楽団来日。スターリン死す。吉田首相の「バカヤロー」解散。
4月　第一回国民劇場公演（民芸「民衆の敵」）
6月　ターキー・水の江滝子が引退。内灘闘争。
7月　朝鮮戦争休戦成立。坂東妻三郎死す。伊藤絹子ミス・ユニバース第三位、八頭身ブームおこる。
8月　NTV（民間テレビ）放送開始。映画五社協定成立。LP盤量産に入り45回転EPを開発、黒人コーラスのデルタ・リズム・ボーイズ来る。
9月　「国際最大のジャズ・ショー」13日間ロング・ランで10万人を動員（浅草国際劇場）。第一回ホリデイ・

オン・アイス。ジャズ喫茶の草分け「テネシー」開店（11月出演の秋吉敏子は来日中のオスカー・ピーターソンに見出され渡米）。銀座「ブルー・シャトウ」神田「ブルー・スター」新宿「セントルイス」など続々開店。

※　渡辺晋・曲直瀬美佐、事実上の夫婦関係に入る。プロダクション結成の計画徐々にすすむ。「ブルー・シャトウ」のショウ企画を請負う。

11月　NHK音楽ワイド番組「黄金の椅子」開始。第一回「日本のうたごえ」ひらく。東京労音発足。ノーマン・グランツとJATP大挙来日。（チャーリー・シェーヴァース／ロイ・エルドリッジ／ビル・ハリス／ペニー・カーター／ジーン・クルーパ／ウィリー・スミス／フイリップ・フイリップス／ハーブ・エリス／オスカー・ピータースン／レイモンド・チュニア／ベン・ウェブスター／レイ・ブラウン／J・C・ハート／エラ・フィッツジェラルド）。東京アメリカ文化センター開設。

12月　第四回「紅白歌合戦」TV中継。シネスコ有楽座上映「聖衣」。ルイ・アームストロングとオールスターズ、ヴェルマ・ミドルトン来る、日本ジャズ界は続々来日する大御所の本格的演奏に圧倒された。とくにニグロ・ジャズの迫力に劣等感を深める。映画「君の名は」大ヒット。

※　J・C・ハート、シックス・ジョーズに参加する。

一九五四年（昭29）

2月　日本テレビ、プロレス放送開始。

3月　ビクター国産EP「青いカナリヤ」を発売。日活映画製作再開（第一作「国定忠治」）。モンローとディマジオ来日。「第五福竜丸」事件。
4月　ジョセフィン・ベーカー来日。俳優座劇場開場。
　※　曲直瀬正雄タバコ密売容疑で検挙、一家上京の決意を固める。
5月　第一回東南アジア映画祭。米映画「ローマの休日」ヒット。
6月　「地獄門」カンヌでグランプリ。にんじんくらぶ結成。NHK「ユーモア劇場」廃止。
7月　十五万の兵力で自衛隊発足。ジュネーブ会議。「原爆の子」モスクワで平和賞。文化放送が深夜放送を開始。春日八郎「お富さん」。ジャズ界に再び変動、コンサート下火となり、人気コンボのメンバー組みかえ解散等しきり。デラックス・キャバレー登場。スターダスターズ、ニューパシフィック等フル・バンド復興。ニッポン放送開局。
8月　日本短波放送開局。
9月　中村吉右衛門死す。洞爺丸事件。
11月　エバ・ガードナー来日。ラジオ東京「不良歌謡リスト」作成。

一九五五年（昭30）

1月　「これがシネラマだ」帝劇公開。アーニー・パイル（東京宝塚劇場）返還。ヨランダ・ベヴァン、グレーム・ベル・ジャズバンド来る。
2月　力道山・東富士渡米。プロレスの人気絶頂。ジャズ・ピアニスト守安祥太郎自殺す。ソ同盟よりオイストラッフ訪日。音協発足。労音会員50万人をこえる。

3月　大谷竹次郎、永田雅一紫綬褒賞。島倉千代子「この世の花」。インク・スポッツ来日す。テレビ受信契約五万台突破。

※　渡辺プロダクション日比谷三信ビル「コンソル芸能」に拠る。同社代表ロバート・吉田二十万円を出資し重役となる。

4月　東京・大阪イタリア映画祭。TBS・CBC・朝日放送など民間テレビぞくぞく開局。マンボ・ブーム。

6月　NHKラジオ「時の動き」で映画女優を売春婦扱いにしたと映画関係者が問題にする。

※　有限会社渡辺プロダクション発足、ハナ肇とキューバン・キャッツ結成。

7月　石原慎太郎「太陽の季節」を発表。売春禁止法成立。日共六全協。

8月　第一原水禁世界大会。

9月　ジェームズ・ディーン死す。砂川で強制測量阻止の地元民と警官隊衝突。

10月　ニューヨーク・ヤンキース来る。慶大で日本初の「ジャズ講座」ひらく。

11月　大谷竹次郎に文化勲章。剣豪ブーム、人生雑誌ブーム、投書夫人ブーム、そして漫画ブーム、大衆狂乱の開幕――。

12月　マルセル・マルソー訪日。うたごえの関鑑子にスターリン平和賞。高千穂ひづる玉桂協定に抵抗して失踪。

一九五六年（昭31）

1月　大劇美空ひばり公演で死傷事件。プロレス力道山世界一周試合に出発。「風は知らない」（日仏合作映画）出演のため岸恵子パリへ出発。
2月　大川橋蔵映画入り。曽根史郎「若いお巡りさん」ヒット。週刊誌ブームの胎動はじまる（週刊新潮の売行き好調）。スターリン批判（ソ連共産党二十回大会）。
3月　ジョニー・レイ来日。「雨に唄えば」ヒット。ジャズ熱下火となり歌謡曲調に流行はかたむく。
4月　日米合作映画「八月十五日の茶屋」でマーロン・ブランド、グレン・フォード来日。アメリカの対日文化政策としての芸能人来訪が目立ちはじめる。
5月　日活映画「太陽の季節」封切。アズマ歌舞伎アメリカ公演。中国京劇団来訪。三橋美智也「リンゴ村から」。
6月　NHKテレビの受信契約二十万台。
7月　日活「狂った果実」で石原裕次郎人気爆発。エルビス・プレスリー登場。日本でも若ものたちのアイドルになる。太陽族映画社会問題となる。いっぽうに電化ブーム。経済白書「もはや戦後は終った」と結ぶ。ナセル、スエズ運河国有化宣言。
8月　ボナンザグイズ大流行。週刊誌人増刷。溝口健二死す。
9月　〝SNプロ〟ペレス・プラドを招く。NHKイタリア歌劇団招へい。音楽映画大量に公開「野郎どもと女たち」「回転木馬」「上流社会」「愛情物語」「夜は夜もすがら」「王様と私」など、ミュージカルに熱ひろがる。

10月　ハンガリー動乱。
11月　イベット・ジロー来日。梅田コマ劇場開場。第十六回メルボルン・オリンピック大会。
12月　ＮＨＫ、カラーテレビ実験開始。岸恵子、イブ・シャンピと婚約発表。18日日本国連に加盟。

一九五七年（昭32）

1月　ベニー・グッドマン楽団、米国務省の派遣で来日。ＡＮＴＡ（国務省文化交流機）のテコ入れはじまる。興行街戦後最高の人出。映画産業好況、美空ひばり浅草国際劇場公演で塩酸事件。日本映画ニューヨーク見本市。小林一三死す。新宿コマ劇場開場。ジラード事件。
※　ウエスタン、ハワイアン・バンド抬頭、小坂一也、ジミー時田、寺本圭一などにつづいて山下敬二郎、平尾昌章、ミッキー・カーチス売りだす。
2月　岸内閣成立。
3月　イベット・ジロー、また来日。
※　植木等、キューバン・キャッツに参加。
4月　東映シネマ・スコープ「鳳城の花嫁」新東宝「明治天皇と日露大戦争」競映。浜村美智子「バナナボート」。よろめきブーム。女性の下着革命（このころからデザイン下着が一般化する）。「日映」映画界なぐり込み失敗。
5月　岸恵子パリでシャンピ監督と結婚。
6月　ボードビリアン川田晴久死す。テレビ受信契約五十万を突破。

7月　大映ビスタビジョン「地獄花」公開。「死刑台のエレベーター」など一連のモダンジャズ映画ヒットする。丸山明宏「メケ・メケ」を唱う。
　※　ロカビリー喫茶全盛、正統ジャズしめだされる。銀座「美松」「ACB」など若ものたちに占領される。
8月　津川雅彦、日活に辞表。
9月　NETスタート。
10月　ジョン・ウエイン「黒船」で来日、唐人お吉役で日本の映画界混乱させられる。ソ連、人工衛星「スプートニク一号」打上げ。
11月　フジTVスタート、フランク永井低音ブーム「有楽町で逢いましょう」。NHKテレビ「日本の素顔」放送開始。
　※　渡辺美佐、ロカビリー歌手たちのスカウトをはじめる。
12月　ジェーン・マンスフィールド、ボブ・ホープ米軍慰問で来日。レス・ブラウン楽団（ANTA派遣）「テネシー」のロカビリー・ファンしめだされて暴動をおこす。FMテスト放送開始。

一九五八年（昭33）

1月　東宝映画「社長三代記」、喜劇路線の系譜はやがて植木等無責任シリーズにうけつがれる。ジャクリーヌ・フランソワ来日。青山恭二自殺未遂。
2月　東京宝塚劇場大火。TBS「月光仮面」放送開始。

※　日劇〝ウェスタン・カーニバル〟開催、ロカビリー・ブームおこる。
3月　クルト・ユルゲンス来日。中国歌舞団来る。低音ブーム、ロカビリー・ブーム併行して高まる。
4月　売春防止法実施。宝塚大劇場でセリの事故により香川弘美惨死。タレント災害保障が問題になるが立消え。石原慎太郎「若い獣」を監督。
5月　デビット・ニーブン来日。NHKTV受信契約百万台突破。フラ・フープ突如大流行。
6月　ANTAあっせんによりニューヨーク・シティ・バレー大挙来日、ボリショイ・サーカスと激突、米ソ文化戦争はソ連の圧倒的勝利に終り、シチー・バレーさんざんの不入り。ドゴール政権樹立。ナジ処刑。
7月　今井正「純愛物語」ベルリン映画祭で監督賞。ステレオ・レコード発売。
8月　YTV開局。「オーイ中村君！」若原一郎で当てる。
9月　ベニス映画祭で稲垣浩監督「無法松の一生」グラン・プリ。ロカビリー歌手のポール・アンカ来日。
10月　KTV開局。パステルナーク、ノーベル文学賞辞退。
11月　皇太子宝塚を訪問す。リカルト・サントス楽団（ANTA）来る。三十三年度芸術祭参加「私は貝になりたい」（岡本愛彦・フランキー堺）文部大臣賞。正日美智子、皇太子妃に決定。
※　渡辺美佐、名古屋〝ヘルナンデス〟でピーナッツをスカウト、ナベ・タレ第一号。
12月　NHKビデオ・テープ国産化に成功。東京タワー営業開始。女性自身創刊。ラジオ関東開局。東海大学FM実験放送開始。

一九五九年（昭34）

1月　にんじんぷろだくしょん（若槻繁）の「人間の条件」封切。ジャック・ティーガーデン六重奏団（ANTA）来日。NHK教育テレビ開局。キューバ革命成功。

2月　カミナリ族横行。東芝カラーテレビを完成。黒沢明東宝より独立。日本教育テレビ（NET）開局。

3月　シャルル・トレネ、ゴールデンゲイト四重唱団、カルロス・モントヤ来日す。ペレス・プラドも再訪。〝呼び屋〟戦国時代の開幕。フジ、毎日両テレビ開局。伊達判決「米軍駐留は違憲」と下す。

※　〝ザ・ヒット・パレード〟〝おとなの漫画〟、フジTVでスタート。

4月　民間テレビ九局本放送開始。皇太子と正田美智子成婚。ペギー葉山「南国土佐を後にして」ヒット。浜口庫之助作曲の「黄色いさくらんぼ」を皮切りにピンク歌謡流行。ストリップ哀退。

※　渡辺プロダクション資本金四百万円の株式会社となる。

6月　ミレーヌ・ドモンジョ来日。皇太子の成婚奉祝スポーツ祭、〝奉祝〟の二字に左翼から非難。大映一本立興行開始。

7月　児島明子ミス・ユニバース一位。三世中村時蔵急死。

9月　ベルリン映画祭で「隠し砦の三悪人」（黒沢明）監督賞。フジTV〝ピンク・ムード・ショー〟朝日ソノ・プレス創業、ソノ・シート製作開始。伊勢湾台風。

10月　ニッポン放送終夜放送開始。フジ系列〝低俗番組〟中心に編成。

※　〝おとなの漫画〟人気高まる。

11月　高橋貞二自動車事故で即死。トニー・ザイラー来日す。アナウンサー竹脇昌作過労とノイローゼで自殺。

12月　トリオ・ロス・パンチョス来る。モスクワ芸術座来る。

※　第一回レコード大賞、水原弘「黒い花びら」

一九六〇年（昭35）

1月　行司式守伊之助引退。リバイバル歌謡流行、村田英雄「人生劇場」井上ひろし「雨に咲く花」。

2月　菊田一夫に菊地寛賞。レ・フレール・ジャック、ウイーン少年合唱団来日。

3月　横浜市立体育館の歌謡ショーで十二名圧死。マゾフシェ大合唱舞踊団、ロス・トレス・ディアマンテス、シャーリー・マックレーン来日。

※　ナベ・プロと銀座「ACB」対立表面化、アンチ・ナベ・プロの連合戦線結成される。（次章で詳述）

4月　韓国に反政府デモ起り、李承晩大統領辞任。ニール・セダカ、映画監督ヒッチコック来日。アジア映画祭東京で開催。

5月　市川崑「鍵」カンヌで特別賞。歌舞伎アメリカ巡業。演劇プロデューサー吉田史子「オセロー」を松本幸四郎・新珠三千代で上演、橋幸夫「潮来笠」でデビュー。テアトル・ド・フランス、フランク・シナトラ（ANTA・米軍慰問）来日。ボストン交響楽団、アメリカ国務省の文化交流計画により来日。民放初のFM東海開局。

6月　安保闘争高潮、樺美智子虐殺さる。若ものたちの間にファンキー流行。レニングラード・バレエ団来日、テイルソ・クルソ楽団来日。
7月　ハリー・ベラホンテ来る。東宝芸術座「がめつい奴」演劇史上空前のロング・ラン。カラー・テレビ売出し。
8月　ミルス・ブラザーズ、フォア・ヒインツ、トップ・ハッツなど来日、「真夏の夜のジャズ」公開。三波春夫歌舞伎座で公演（以後恒例となる）。大島渚「青春残酷物語」、日本映画界にヌーベル・バーグ拾頭する。ＮＨＫ受信契約五〇〇万突破。第十七回ローマ・オリンピック大会。
9月　ＮＴＶなど十局のカラー・テレビ本放送許可。リッキー・ネルソン来日。
10月　ヘレン・メリル来日（そのまま日本のジャズ界に寄留する）。浅沼稲次郎刺殺さる。大島「日本の夜と霧」上映中止。今村昌平「豚と軍艦」にアメリカ大使館より製作中止勧告。
11月　ケネディ米大統領に就任。イベット・ジローまたまた来日。キャロル・ベーカー来日。深沢七郎「風流夢譚」が問題化、中央公論社長嶋中鵬二邸襲撃にまで発展する。東映・新東宝の合併交渉打ち切り。
12月「誰よりも君を愛す」（松尾和子）レコード大賞。石原裕次郎、北原三枝と結婚。トリオ・ロス・パンチョス再訪。

芸能界の「聖域」

アンチ・ナベ・プロ戦線の崩壊

一九六一年二月、嶋中事件[*7]がおこった。コンゴで、ルムンバが虐殺された。ロバート・ケネディが来日した。三月十四日、ライシャワー駐日大使となる。四月十七日、東京地検が愛国党赤尾敏を不起訴にした（浅沼刺殺事件[*8]）。その夜、CCF・KBK共催の「世界音楽祭」が、上野文化会館で華やかに開幕した。四月二十日、CIAの陰謀によるキューバ侵略が失敗した。五月十六日、朴正熙クーデター。韓国に〝軍事政権〟が成立した。六月三日、自民党「破防法」を強行採決。十九日、池田首相訪米。「日米首脳会談」開催。

〝コンロン報告〟にいう、アメリカナイズの政策は、日本の若い世代に浸透していった。六一年三月、NHKは音楽放送番組の三分の二をポピュラー・ミュージックにきりかえた。チャンネルのどこをひねっても、ロカビリー、ドドンパ、ツイストが氾濫した。六〇年の安保反米闘争は、アメリカ政府に強い衝撃をあたえ、ケネディ・ライシャワー路線による〝対日文化政策〟は、安保闘争後、意識的に大衆音楽、芸能娯楽を通しておしすすめられた。「若ものに、恋と金を！」「マイ・カーでレジャーを楽しもう！」「あなたも資本家になれる！」。ジャズ喫茶、ガン・コーナー、ボーリング、睡眠薬あそび、残酷ムード、登山狂時代、フラワー・モード、フルーツ・カラー、バカンス・ルック、「ハイそれまでよ」、「わかっちゃいるけどやめられない」、「いいからいいから」、「関係ナイ」。

世はあげて〝無責任ムード〟と、大人たちは顔をしかめた。「若ものたちの頽廃を嘆く」点で、左翼も右翼もまったく見解が一致した。日本の〝前衛〟は、戦後世代の狂躁の底にうずまく、若ものたちの魂の飢えを、正しく評価することができなかった。ロカビリーからツイスト、エレキへと、すさまじいエネルギーで流動する若い情熱を、体制破壊の方向にむけかえることはむしろ容易であるはずだった。だが、「歌って踊って恋をして」の「民青」に代表されるように、反体制の文化運動は、むしろ保守的、半道徳的な青年を吸収する方向に向かった。それは、若ものたちの情動を体制の枷からときはなち、虚妄の文化から解放することはできなかった。

かくて、音楽芸能プロダクションの黄金時代はおとずれる。この年、外来タレント五十九組。正月初来日のアート・ブレーキーをはじめとして、前年に三倍する大盛況であった。ANTA（米国務省文化交流機関）は懸命の物量攻勢で、安保闘争後の社会風俗にアメリカナイズ——親米の傾向をつくり出そうとした。「野球とポピュラー・ミュージックは、アメリカがさらに開発すべき二大輸出物である」（『コンロン報告』）。日本人はいながらにして、本場のジャズ演奏をふんだんに聴くことができた。またしてもジャズ・ブーム、MJQ、クリス・コナーなどの来日が、モダン・ジャズの大流行をさそって、いわゆる「ダンモ」のブームがおこる。だが、それは外来タレントにとってのブームであった。〝呼び屋〟はウケに入ったが、日本のジャズメンは演奏の場をうばわれていくばかりだった。

渡辺晋・美佐がその時点で、ロカビリー旋風の勢いをかりて、ドドンパ、ツイストなどのポップ（流行音楽）中心に経営をきりかえたのは、賢明というべきだった。一九五九年、ナベ・プロはすでに〝歌謡曲部門〟を設けて、流行歌手の養成をはじめている。晋の実務的な才能と、美佐の強引な押し――社交術とがマッチして、渡辺プロダクションはたくみに時流に乗った。が、その裏面には、どす黒い葛藤と権謀術策があった。ロカビリー・ブームのさなかで、白木秀雄、中村八大、平岡精二などが脱退しようとする動きがあった。ナベ・プロにとって彼らは創業の功労者であり、また音楽事業にたずさわるものの〝免罪符〟でもあった。白木らの脱走計画は、彼らに〝看板料〟を給付することで未然に防げた。ついで起ったのが、新宿「ACB」事件である。

銀座でふぐ料理屋「あしべ」を経営する谷富治郎・和子夫妻が、ガス・ビル地階にジャズ喫茶「ACB」をひらいたのは一九五三年。やがて、ロカビリー・ブーム、平尾昌章、ミッキー・カーチス、山下敬二郎という〝ロカビリー御三家〟の出演で、経営は大いに発展した。つづいて続々とロカビリー喫茶が開店し、一九五七年には東京都内で二十四店をかぞえる（現在は六軒に減少している）。

五九年、谷夫妻は新宿支店「ACB」を開いた。そのころ、日劇ウエスタン・カーニバルで当てたナベ・プロは、ロカビリアン・カーニバルのほとんどを専属、準専属タレントとして手中におさめ、ロカビリー喫茶出演のスケジュールを独占していた。谷夫妻は、新宿支店の経営権を渡辺晋にゆずることとし、「ACB」の看板をそのまま残した。ところが、晋は一カ月もたたないうちに三国人黄江夏（キャバレー経営）に店を譲渡し、タレントの出演だけを請負う契約を結んでしまった。谷夫妻は、それは当初からの計画で、ナベ・プロは黄江夏なる人物と共謀して新宿「ACB」の経営権を略取したのだろうと考えた。

そのしばらく前、新橋のロカビリー喫茶「河」と、売上げ歩合という有利な契約を結んだナベ・プロが、タレントを集中的にそこに出演させたために、銀座「ACB」の客足は激減していた（黄江夏との契約も歩合制だったといわれる）。それやこれやで、怒り心頭に達した谷夫妻は、「ACBの看板をおろせ」と渡辺晋・黄江夏に要求し、話しあいがつかなければ告訴するという気がまえを示した。

ロカビリー旋風の資金源は。「ACB」だったといわれる。山下、平尾、ミッキーなどを、銀座「テネシー」からひきぬいたのも、「ACB」日ナベ・プロの同盟軍であったという。「金銭的にも私たちがバック・アップしたからこそ、今日の渡辺プロダクションがあるのです」という谷和子の言葉が、それを裏付けている。

だが、両者は、ナベ・プロが芸能界に〝企業帝国主義〟をひろげていく過程で、真正面から激突し決裂しなくてはならなかった。「ACBがつぶれるか、・ナベ・プロがつぶれるか、勝負してみようじゃないの」（谷和子）。いっぽう、ナベ・プロは報復手段としてマナセ。プロと連合戦線を組み、坂本九、ジェリー藤尾、森山加代子らをふくめたタレントを「ACB」系列のジャズ喫茶からひきあげてしまった。

谷夫妻側も負けじとばかり、芸能プロダクション〝東洋企画〟を創立して、堀威夫、守屋浩、山下敬二郎、田代みどりらをナベ・プロからひきぬき、佐川、ミツオ、佐々木功などの新人を送り出して対抗した。アンチ・ナベ・プロ第一戦線の結成である。「ACB」側の軍資金は、当時の金額にして約一億といわれる。国会周辺で安保闘争の激突が行われているとき、ここでも攻防戦は激烈をきわめた。

しかし一九六一年四月、「ACB」陣営の中心だった堀威夫が、守屋浩、かまやつヒロシ、ポール聖名子、斎藤チヤ子、北村英治クインテット、ケイ・ポップスをひきつれて東洋企画を脱退〝堀プロダクション〟を結成する。とうぜん、ナベ・プロの攪乱工作が、そこにはたらいたことが推測できる。

「私はいまナベ・プロ擁護派です。私から何か取材できるという期待は的はずれですよ」(堀威夫)

東洋企画の経営は、谷富治郎社長の死後、大森俊夫(元楽団スイング・ウエスト代表)がひきつぎ、三田明、西田佐知子の人気スターをようして、芸能界の一角に健在である。だが、その経営規模はアンチ・ナベ・プロと呼ぶには、あまりに小さい。

大森俊夫はいう。「過去のことはもういいじゃありませんか。芸能プロはどこだって大なり小なりナベ・プロ式でやっているんですし、まあウチだけは、あそことちがう道を歩んでいると思っていますが……」

アンチ・ナベ・プロの第二の動きは、意外なところからあらわれた。美佐の父親・曲直瀬正雄である。対「ACB」作戦では共同歩調をとったマナセが、ナベ・プロに敵対した原因は、仙台時代にさかのぼることができる。正雄が美佐の結婚に反対だったのは、渡辺晋への悪感情からであったことはすでに述べた。敵意は長くを尾ひいて、今日に至っている。正雄は晋のことを、「あの泥棒野郎が！」

と口をきわめてののしっていたというが、それは娘をとられたという意味でなく、タレント争奪の深刻な相剋をも意味している。一九六一年三月、レコード大賞歌手の水原弘は、マナセ・プロから独立して「水原芸能」を設立すると宣言した。

記述が前後するが、一九五四年に東京に移った曲直瀬一家は、仙台とおなじオリエンタル芸能の看板をかけて、芸能プロダクションを経営し、ジェリー、九、加代子、水原、ダニー飯田とパラダイス・キング等の人気タレントを傘下にあつめた。一九六一年当時に、ナベ・プロ、東洋企画といわば天下を三分する形勢であった。当時のラジオ・テレビ番組から一週間の日程をとりだしてみると、マナセ・プロの持ち番組は左の通りである。

月曜日――東京テレビ〝ナイン・ショウ〟に森山加代子、坂本九、ダニー飯田とパラダイス・キング。NET〝ザ・リクエスト・ショウ〟に水原弘、森山、坂本、パラダイス・キング。

火曜日――東京放送〝ザ・フレッシュ・カーニバル〟に森山、坂本、ダニー飯田、ジェリー藤尾、水原、〝歌のシャンデリア〟に坂本、パラダイス・キング、森山、ニッポン放送〝水原弘のヒット・パレード〟は日曜をのぞく毎日。

水曜日――NET〝スター・ミュージック・アルバム〟に坂本、森山以下オールメンバー。〝ザ・ハイティーン〟にジェリー、坂本、パラダイス・キング。

木曜日――水原〝ヒット・パレード〟

金曜日――フジTV〝マイマイ・ショウ〟マナセプロ企画のオールメンバー出演。

土曜日――水原〝ヒット・パレード〟
日曜日――東京テレビ〝サンセット77〟の企画と音楽（六一年二月第一週）。

他の曜日も、単発的にだれかがどこかで出演している。売れっ子のジェリー藤尾は、NHKに〝パノラマ劇場〟、フジTV〝がっちりこん人生〟、東京放送〝ジェリーのおしゃべりサロン〟その他〝週刊クレイジー〟〝茶の間のリズム〟など。また東宝、大映、新東宝などの映画出演、その合い間にジャズ喫茶のステージと、文字通り〝神風タレント〟を地でいく忙がしさだった。

マナセ・プロの経営は、あいもかわらぬ女権の系譜で、花子が実権をにぎり、三女翠、四女信子がマネージャーとして手腕をふるっていた。ナベ・プロの近代企業化と逆に、マナセはいわば同族会社としての経営方針をとった。タレントの寄宿制度も信子の発案で、ナベ・プロよりも先にはじめている。当然、マナセにも搾取があり、えげつない〝芸能プロ〟商法があったことはいなめない。だが、それにしてもナベ・プロの徹底した権謀術策に、曲直瀬正雄は「わが子ながらリッ然とした」にちがいない。東洋企画の追いおとしにマナセと連合戦線を張った晋・美佐は、かえす力で身内からタレントをひきぬきにかかったのである。マナセにとって、ドル箱だった水原を失うことは、大きな痛手だった。ところが、水原は独立宣言をすると「会社設立まで」という名目でマネージメントをナベ・プロに委託し、しばらくすると渡辺プロダクション所属の〝タレント名簿〟に彼の名がつらなることになる。

たとえ親子の間柄でも、〝芸能界征服〟のためには手段をえらばぬナベ・プロ商法を、「非情ではあるが美事だとボクは思いますね、共感をすらおぼえます」(ルポ・ライター風間博)という意見もあるが、私たちはそこに強盗の論理しか見ることができない。マナセ、ナベ・プロの暗闘は、マス・コミの報道についに乗らなかったが、現在の冷たい共存(晋がマナセ・プロの重役に就任した)まで、芸能界のあらゆる分野で執拗にくりひろげられ、けっきょくマナセが大きく後退して〝王座〟をナベ・プロにゆずることになった。曲直瀬正雄は今日も、晋に対して感情のしこりを解いていない。渡辺プロダクションが主催し、協賛するレセプション、パーティ等で、曲直瀬の姿を見ることはまずないのである。

六一年四月、堀プロにつづいて〝東京第一プロダクション〟、(井上ひろし、社長・岸部清)設立、七月、〝新鶴プロ〟(平尾昌章、青山明)設立、それらはナベ・プロ系列のコンツェルンに組み入れられ、子会社として支配されていく。そうした分封の裏には、税務署の摘発があった。六〇年の暮に、京都のナイト・クラブ「ベラミ」が手入れをうけた。税務署に〝赤字申告〟をしていながら、店は満員で大繁昌の有様に疑いを持たれて、抜きうちに踏みこまれたのである。裏帳簿が発見され、ナベ・プロ関係への支払いに虚偽の申告があることがわかった。ただちに日比谷三信ビルの渡辺プロダクション事務所を、国税庁の係員が急襲、紙クズ籠の中味まで持ち去られる。「ベラミ」以外の脱税も、ついでに明らかとなり、二千万円の〝追徴金〟を課されることになる。けっきょく、一千二百万円に最終追徴額が決定して一件落着したが〝ナベ・プロ商法の非合法的な一面が、はしなくも暴露された。そのさいの国税局との話しあいから、合法的脱税のシステムが生れてくる。

東洋企画、マナセとの対立、脱税事件という大きな山をこえ、植木等の「スーダラ節」のヒット、中尾ミエ、伊東ゆかり、園まり等三人娘売りだし、東宝「若い季節」で第一回映画プロデュースと、とんとん拍子で発展したナベ・プロの前に、第三の強敵が立ちふさがった。六二年五月、藤木孝の脱退事件を契機に、アンチ東宝、アンチ・ナベ・プロ戦線の結集を旗じるしにかかげたミュージカル集団「ハイ・ノーズ」である。

「日本にもミュージカルが欲しいという声が、最近非常に高まってきました。このたび私たち同人が相集い、いろいろな意味におけるミュージカルの実験を試みたいと思い、ミュージカル集団〝ハイノーズ〟を結成いたしました。さし当り年に数回の舞台において、創作ミュージカルの公演を行う予定であります。将来は海外タレントを招聘し、やがてはブロード・ウェイに打って出ようという大望を持っております。つきましてはかねてよりこの方面に御造詣の深い先生に、ぜひ評議員になっていただき、御高評、御指導を賜わりたいと存じます。評議員の役目はお暇な折に私たちの成果を見ていただき、御教示をいただければ結構なのですから、私たちのこの微志をお汲取りいただき、ぜひ御引受けいただきたいと思います。今後とも御指導のほどよろしくお願い申し上げます。つきましては来る十一月二十七日（火）正午より、赤坂プリンスホテルにおきまして創立総会を開催いたしますので、御出席いただければ幸甚であります」（あいさつ状より）

発起人には、井原高忠、大橋巨泉、吉田史子、樋口久人、渡辺正文、真木小太郎、笠島俊男、内村直也、若槻繁、キノ・トール、三保敬太郎、三木鮎郎、前田憲男が名をつらねた。事務所は東京赤坂田町の〝スワン・プロモーション〟内におかれ、樋口久人（同プロ社長）が資金工作をひきうけることになった。

当時、樋口久人が竹中労に語ったところによれば、「一口にいえば、菊田ミュージカル、ナベ・プロの低級なショウが、日本の音楽界・芸能界を牛耳っている現状を打破しよう、……ということからはじまった。むろん、われわれは菊田、ナベ・プロの背後にある東宝資本に狙いをつけている。この企画の発案者は、井原高忠と犬橋巨泉です。ボクは彼らの〝志〟を買ったにすぎません。だが、とことんまで援助してみようと思っています」。だが、その樋口久人が六三年の四月〝闇ドル事件〟で警視庁に逮捕され、ハイ・ノーズの壮図は空中分解する。樋口検挙の裏にもナベ・プロの黒い手が踊ったにちがいあるまいと当時うわさされた。

「樋口久人の逮捕が、密告によるものであったことは、当局から確認した。スワン・プロの事務所がガサを食った（捜索された）ときに、警視庁の狙ったドル関係の隠し帳簿が、おあつらえむきに机の上に乗せてあった事実が、タレコミは同業者、もしくは内部からであることを証明する。しかも、スパイ工作の臭気ふんぷんだった。われわれはスワン・プロの商売仇である協同企画、もしくは藤木孝脱退にからむナベ・プロ、あるいはその共謀という見当をつけて取材に走ってみた。けっきょく、真相を洗うことはできなかったが、樋口が〝黒い手〟の犠牲者であることは確信できた」（小林永司。当時内外タイムス警視庁詰キャップ）

ミュージカル集団「ハイ・ノーズ」は、その第一回公演の主役に藤木孝を予定していた。藤木がナべ・プロを脱退した理由については、すでに詳述した。六一年暮に公開された「ウエスト・サイド物語」に刺激されて、日本の芸能界はミュージカル熱にわきたっていた。その志向が、菊田ミュージカル打倒、アンチ・ナベ・プロ戦線結集というヴェクトルに集約されたのは当然のなりゆきであった。たとえば、菊田一夫の「雲の上団五郎」のようなものまでミュージカルと称している現状、正しい意味での大衆音楽を創り出す努力がまったく見うけられないナベ・プロ番組と、それを支配する東宝資本、その上層部とアメリカ大使館の結びつき（それは東宝争議弾圧以来の腐れ縁である）が、私たちの国に生み出す文化芸能の恐るべき荒廃、現象的にいうならばサル真似とニセモノの横行、マス・ヒステリア、……そうした混乱と堕落の中から、真正なもの、本格的なものを創造しようという意志と情熱が、「ハイ・ノーズ」にはあった。

若槻繁はいう――「ともあれ良心的でしかも仕事のできる人たち、当時としては一流のメンバーが集まっていた。そこから、東宝やナベ・プロとは異質の〝何か〟が生れてくる可能性が、いまになって冷静にふりかえってでも充分にあったと思う。樋口の破局がなく、ジャーナリズムの側面援護がもう少し強かったら、大きな賭けを試みることができたはずでした」。だが、ジャーナリズムは逆に動いた。ミュージカル集団「ハイ・ノーズ」の音楽芸術上の志よりも、藤木孝をめぐるスキャンダルに芸能記者の関心は集中し、すでに述べたように〝発狂説〟までみだれとぶ喧騒の中で、「ハイ・ノーズ」は砂上の楼閣と消えたのである。

東洋企画、マナセの場合とは異なって、「ハイ・ノーズ」には確乎としたイデオロギーがあった。

それゆえに、ナベ・プロにとっては、最も恐るべき敵となり得たはずだった。「音楽文化への志なんぞ芸能プロダクション稼業と何のかかわりもないよ。弱肉強食、ゼニもうけ、それがこの世界のルールさ」(太平洋テレビ・清水昭社長)という考え方もあるだろう。が、若槻繁の言葉をかりれば、「……タレントには〝人生〟がなくてはならない。人間性を無視した消耗品あつかいは芸能界の正常な発展を阻害するものだ」「芸能は、〝文化〟でなければならない。文化を創ろうとする意志のないところに生れてくる芸能は大衆からやがて見離される」。もし、「ハイ・ノーズ」が成功して、日本ミュージカルの歴史をつくっていたなら、今日、テレビ、映画、ステージ等にくりひろげられる音楽ショウ番組のありかたは、私たちが現在見るものとはちがった形になっていたはずである。ナベ・プロの独占的支配は、あり得なかっただろう。また、タレント社会に、大きな革新がおきていたのではあるまいか?

「園まりの父親が人を介して、私に面会を申し入れてきたのは、たしか一九六三年の暮だったと記憶します。東京都の教育長の立会いで、相談したいという。会ってみると、父親は泣きださん・ばかりに訴えるんです。娘の給料が五万円で、衣裳を一応スターなみにそろえると給料の倍もかかる、借金ばかりしている。いったい、こういうことが法で許されているものだろうか。このままでは娘はスター熱にうかされて精神的不具者になってしまう。親は首がまわらなくなる。なんとかしてくれ、つまり私の主宰していた〝にんじんくらぶ〟に移籍してくれ、ということでした。そのころ、私としては藤木問題とハイ・ノーズで、すっかり疲れ果てていたところでしたから、父親の希望にはそえなかったのですが、ずいぶんタレントをいじめているものだなと思ったことでした」(若槻繁)

やはりそのころ、石原慎太郎、白坂依志夫、大竹省二、フランス人のルスタンという振付師、若槻繁の五人が、銀座の料亭伊豆井で〝百世紀プロ〟結成の下相談をしていたところへ、東宝の藤本真澄（映画担当専務）が電話をかけてきて、話が終ったら自分がいま飲んでいるバーへきてくれという。いってみると、渡辺美佐が藤本といっしょだった。藤本真澄はルスタンに「マイブレーン・アンド・フレンド」と美佐を紹介したという。口の悪い慎太郎は、「ヘェ！　この人が大東宝の大専務のブレーンなの」と呆れてみせたが、すでにそのとき、藤本真澄はナベプロ系列の〝渡辺企画〟の重役に就任する直前であり、ジャーナリストたちの間では、美佐との〝親密な関係〟がうわさされていた。エピソードは、これで終りではない。

若槻繁は、その酒場での出会いが渡辺美佐との初対面だった。若槻はかねてバラにすえかねていた藤木孝問題をのっけから切り出して、「藤木のことではいろいろとお世話になったが、これからは馬鹿なマネはやめてもらいたい」と美佐に直言した。すると、酔っていたせいもあるのだろうが、美佐はこう答えた。「私はネ、若槻さん、藤木をとられたときあなたを墓地かなんかへ連れだして強姦しちゃおうかと思ったくらいだったのよ、だって口惜しかったんだもの」

若槻繁の話——「こんなエピソードは下品ですしある種の人には渡辺美佐をひいきしたくなる材料かも知れませんね。だがそのとき、私は汚物にまみれたような実にイヤな感じでした。証人のいる事実だから申しあげたので、その他にも彼女の品性については、直接、間接に見たり、聞いたりしています。ただ、私が藤木孝の一件にしても、ハイ・ノーズにしても敗者の立場からモノを言っていると、誤解されては困るのです。映画〝怪談〟の失敗で〝にんじんくらぶ〟は解散同然の現状ですが、私には〝人間の条件〟〝切腹〟をつくったという誇りがあります。私が消えても、それらの作品は残るでしょう。いったいナベ・プロに、何が残りますか?不発に終ったハイ・ノーズですが、私はけっして、ナベ・プロに敗北したなどと思っておりません……」

ともあれ、第三の強敵は去った。ナベ・プロは順風満帆、企業帝国主義の版図を拡大していく。アメリカ大使館員・ジャニー喜多川が育てた〝ジャニーズ〟を吸収し、東宝と映画製作年間六本（実際は八本）のユニット契約を結び、藤田まことを傘下におさめ、東京音楽院を設立する。梓みちよ「こんにちは赤ちゃん」でレコード大賞、一九六四年四月十八日、渡辺晋・美佐夫妻は、梓みちよをともなって小石川椿山荘の園遊会に出席し、天皇・皇后に拝謁する。この年、ナベ・プロ所属のタレントは二百五十人をかぞえ、社員七十名。五月、渡辺企画を設立。六月、人気絶頂の加山雄三と渡辺音楽出版契約成立、すでに設立済みの大洋音楽、日本放送録音等をあわせ系列七社、コンツェルン方式をトラスト（企業合同）方式に改め、六五年度総収入は八億一千一百万円（税務署申告）におよんだ。六六年の系列全社の総売上げは十五億、純益七千二百万円、巨大なマンモス芸能プロダクションにふくれあがる。

ミュージカル集団「ハイ・ノーズ」の挫折以後、アンチ・ナベプロの動きは、絶えてなかった。いや、かって「ハイ・ノーズ」に結束した人びとですら、いまや渡辺プロダクションに対する批判を、口にしないのである。

「日本にもブロードウェイなみのミュージカルができればよいという、それだけのことで、別に反東宝、反ナベ・プロということではなかった。そんな気は全然なかったたねえ」（井原高忠）。「正直にいっちまえば具体性のない話でした。いずれにしても、現在の私にはあまり楽しいこっちゃないからカンベンして下さい」（大橋巨泉）。

竹中労は、一九六二年秋のある日、TBS会館を窓の外に眺めるスワン・プロの事務所で、樋口久人と語りあったときの情景を想起する。

樋口はTBSのビルディングを指して「いまにあいつをたたきつぶすようなデカイ事業をはじめますよ」といった。井原高忠がそのかたわらにいて、「菊田ミュージカルなど糞くらえだ！」「ナベ・プロは日本文化の敵だ！」と、腰の骨を痛めたと渋面をつくりながら、威勢のいい壮言を吐いた。

あれから六年、ほんもののミュージカルを！という以前の情熱は、どこへ行ってしまったのか。敗戦直後の占領軍〝芸能プロ〟から、テレビ、レコード、映画界を支配する巨大な王国にいたるナベ・プロの歴史は、すなわち日本の権力体制がアメリカナイズと植民地化の政策を、ゴリ押しに強行してきた道程と見合っている。それは、私たちをふくめて、そうした時流を食いとめることのできなかった、反体制知識人のひ弱な抵抗と、ネガチブに見合っているのではあるまいか——。

芸能コンツェルンの実態

一九六八年一月、東京永田町ヒルトン・ホテルで、ナベ・プロの〝新年祝賀パーティ〟が開かれた。毎年恒例のパーティで、ハナ肇とクレージー・キャッツ以下、ナベ・プロのタレントが全員集まる。その数およそ三百、参会者は、総理大臣佐藤栄作、衆議院議長石井光次郎（代理）、中曽根康弘（東京音楽事業者協会会長）、石田博英（東京芸能事業者協会会長）、五島昇（東急社長）、各映画会社・テレビ局・レコード会社の首脳陣、現場のスタッフ、音楽・映画関係のジャーナリスト、正体不明の外国人たちなどざっと七百人。タレントたちは胸に名札をつけて参会者の間をまわり、ステージにあがって歌う。渡辺晋社長、美佐副社長は、グラスを片手に〝おえらがた〟と語りあっている。その光景は、日本の新しい特殊階級（あえて上流とはいうまい）――スターダスト・ポーテーションの誕生をもの語っていた。

芸能界は、パーティの好きなところである。それが純粋に「集い」であることも、何らかのPRを目的としている場合もある。後者の方がはるかに多い。六六年秋に開かれた加山雄三の〝レコード売り上げ五百万枚突破記念パーティ〟など、〇〇万枚突破記念、ヒット記念等と題されたパーティは、「これだけ売れましたよ（もっと売りますよ）」という宣伝のためにひらかれる。

そのような催しが多ければ多いほど、主催者側は〝客の入り〟を気にする。招かれるほうがパーティずれして、顔を見せなくなるからだ、しかし、ナベ・プロ新年祝賀パーティにはだまっていても、人びとは集まってくる。とくにナベ・プロと親しい関係になくても、「いったいどんな顔ぶれが集まってくるのだろう?」という興味はおこさせる。それが、ナベ・プロの〝実力〟である。

レコード会社の中で最も充実した芸能プロダクション組織を持つ日本ビクター芸能KK（資本金五百万円）、ここには橋幸夫、フランク永井、三沢あけみ、黒沢明とロス・プリモス等が所属している。しかしこの会社は、独自に新人の宣伝費を大巾に（つまり効果のある限度まで）計上することができない。しかも、所属の歌手が独立をもくろんだとき、それを慰留できる効果的な手段さえ持たないのである。

六六年の秋、ドル箱の橋幸夫が独立をはかったとき、ビクター芸能は数名の社員を橋幸夫専属としそれまでマネージメントを担当していた社員山川某を〝課長待遇〟に昇格させて、「橋課」を設置することで、橋幸夫を納得させた。あまりにも便宜的、タレント追随的な〝打開策〟は、社の内外から批判をあびて、「橋課」の名称は間もなく消えた。

しかし、この措置を知ったマヒナ・スターズのメンバーが「この会社はブリッジ（橋）カンパニーだ」と反発し、「われわれにもマヒナ課をつくれ！」と嫌がらせの要求を行なった。これが原因となってマヒナは十年間在籍したビクターをはなれ、東芝に移籍することになったのである。

これが、ナベ・プロだったらどうなるか?私たちは、ツイスト・ブームに乗ってまたたくまにスターの座についた藤木孝が、ナベ・プロを離れたとたんに、ナベ・プロの手で芸能界から葬り去られたことを忘れるわけにはいかない。また六六年の暮、一曲のヒットもなかった伊東ゆかりが、NHK「紅白歌合戦」からはずされなかったことを記憶している。

橋幸夫、舟木一夫、西郷輝彦いわゆる歌謡曲御三家のあとをつぐものとして喧伝された、ビクター・永井秀和、東芝・車英二、クラウン・水戸浩二の〝新御三家〟をめぐる事件は露骨であった。

車が所属していたナベ・プロ系列の〝共同プロダクション〟（高橋正身社長）が渡辺プロダクションから離反し、車英二もそれに同行したとたん、〝新御三家〟のメンバーは同じ東芝の阿木譲にスリ替り、芸能週刊誌の車に対する扱いが極端に小さくなってしまったことがあげられる。ナベ・プロのタレントたちは、そのような事実を知っている。藤木孝の没落は伝説化して、彼らの上にのしかかるはずだ。

ナベ・プロがどのようにしてタレントを管理するかは、後段にゆずるとして、ナベ・プロ所属のタレントが、ふえることはあっても減ることがほとんどないという不思議は、これではっきりりするだろう。

芸能プロダクションは、極端にいうならタレントが一人いれば成立する。タレントとそのヒモ的な関係にある場合もあり、またタレントが一人であっても立派にプロデューサーの役割を果している場合もある。そして、企業的才能を持ったものは、会社組織をつくりあげていく。誰でも、タレントを握りさえすれば、〝ナベ・プロ〟をつくれるのである。

〝芸能プロ〟の業務は、ブッキング・マネージメントとパーソナル・マネージメントの二つに大別される。ブッキングとは契約を意味し、また切符を発行すること——つまり興行面でのビジネスをいう（ブックという動詞には荷物を託送するという意味もある。芸能界ではタレントを興行師に渡すばあい〝荷物〟と呼ぶ）。パーソナルとは読んで字のごとし、それを最初に発言したのは〝堀プロ〟の堀威夫であった。堀は自分がパーソナル・マネージメントをしていた舟木一夫が、独立した事務所（第一共栄ＫＫ）を持つことをみとめた。舟木は、堀がスカウトし育てた歌手である。しかし舟木の人気が高くなり、彼が稼ぎ出す金と彼自身の収入の格差が大きくなり、人気ものであるがゆえの自己主張が強くなった時点で、ブッキング・エージェント（興行権）だけを確保して、舟木に〝半分だけの独立〟を許したのである。それほど大きな組織を持たず、業界に対しての強い発言力を持たなかった堀としては、賢明な方法であった。

堀はそのような意味あいで、グループ・サウンズの〝ザ・スパイダース〟も手離した。スパイダースは、「スパイダクション」という彼らの事務所を持って独立したが、外国での興行権は、すべて堀の手に握られているという。

だが、渡辺プロダクションは、そのような〝温情主義〟をとらない。ナベ・プロは、傘下の系列会社を子芋のように増やしていく方法をとった。テレビ番組等の企画・制作を主たる業務とする〝渡辺企画〟のほか、プロダクション〝道〟〝大橋プロ〟〝共同プロ〟、そしてスカウト、養成の機関として〝東京音楽学院〟など。プロダクション〝道〟には、佐藤慶、林美智子、水野久美らがおり、〝大橋プロ〟はブルー・コメッツをかかえている。そして、それらのプロダクションは、ナベ・プロの資本系列でつなぎとめられる。だがナベ・プロ帝国の力をもってしても、傘下の〝芸能プロ〟を完全に掌握できるわけではない。さきに述べたように、共同プロは代表である高橋正身が造反をおこして〝独立〟してしまったし、ブルー・コメッツの大橋プロも系列を離れる動きを見せはじめている。ナベ・プロがコンツェルン方式をトラスト方式に切りかえたのは、そのためである。

ナベ・プロにとって渡辺企画の存在は、きわめて便利なものだ。自社のタレントを使ってTV番組の製作を行なうほか、コマーシャル・フィルムなどをつくる。つまり、自社のタレントのために、自社製作の仕事をつくるのである。……ということは、自社のタレントのために、仕事をつくらないことも同時に可能なのである。賢明な読者には、おわかりいただけたと思う。ナベ・プロのタレントはごくわずかの例外をのぞいて、渡辺企画製作のTV番組、プロデュース映画をベースにして活動している。彼らは、「とざされた世界」のスターなのであって、ひとたびその世界から離脱してしまうと、まったく価値なき存在になってしまう。ナベ・プロに反抗したばあい、一匹狼で生きていく才能も根性もない〝虚像のタレント〟たちは、どうなるか？　彼らは、その結末を知っている。かくて、ナベ・プロは不可侵の「聖域」である。

一九六七年十一月、文化放送の全額出資によって設立され運営されてきた音楽テープ製造の会社フジサウンドが、とつぜん記者会見を行ない、資本金を三千万円から六千万円に増資すると同時に、社名を変更、取締役の交替があったことを発表した。新社名は〝アポロン音楽工業〟。

代表取締役社長・渡辺美佐、取締役・渡辺晋。芸能プロダクションの経営者である晋・美佐夫妻にとって、画期的な事業の飛躍であった。〝芸能プロ〟とは、タレントをかかえてマネージメントを行なうのが本業であり、「商品」はスターである。すなわち、〝人気〟という実体のないものである。その意味で、〝芸能プロ〟はしょせん虚業である。言葉をかえていえば、第三次産業である。だが、晋・美佐が新らしく手を染めた事業は、録音されている〝音楽〟を売る、まぎれもなく実体のあるものだ。しかも、この会社は製造工場を所有している。つまり、第二次産業である。アポロン音工の定款によれば、七項に「芸能プロダクションの運営」とある。いざとなれば、ナベ・プロはそのワクのなかに逃げこむことができる。成功した場合には、六項の「レコード音盤の製作並びに販売」……レコード会社経営の道がひらける。

あらゆる場合に、ナベ・プロは不死身なのである。冒頭に述べたナベ・プロのパーティで森繁久弥は「業界一の置屋である渡辺プロダクション……」とあいさつした。森繁は〝讃辞〟のつもりだったろうが、ナベ・プロの経営は、すでにのべたようにまさに芸者置屋同然である。ハナ肇とクレージー・キャッツ、中尾ミエ、園まり、伊東ゆかり、ザ・ピーナッツ、布施明、森進一、ザ・ドリフターズなどのナベ・プロのタレントたちは、そのような搾取のなかで育ち、それが当然のことであると思いこんできた。六七年、はじめてのヒット曲を持つことができた「小指の想い出」の伊東ゆかりは、そのヒットにもかかわらずレコードからの〝印税収入〟は皆無である。そして、彼女自身は、それに何の疑問も持たぬかのようである。「来年になれば、すこし月給をあげてもらえるかしら、わかんないわね?」

ゆかりをインタビューした芸能記者の一人は、明治三十年代「富国強兵」のスローガンのもとに虐待酷使された地方出身の〝工女〟(女子労働者)が、ツケモノと梅干ばかりの食事をあたえられたため、「関東には魚がいないのだろう」と思いこんだというエピソードを連想した。伊東ゆかりよ、レコード歌手には基本的権利として「印税」というものがあることを、あなたは知らないのか……?

①**渡辺プロダクション**……資本金千二百万円、タレント二百四十名、社長渡辺晋、副社長渡辺美佐、第一制作部長松下治夫(部員十六人)、第二制作部長吉沢武夫(部員十人)、業務課長高橋正彦(課員四人)、営業課長生野悟(課員七人)、宣伝企画本部長渡辺美佐(部員七人)、総務部長河合総一郎(部員九人)、計理部長小松純一(部員八人)、関西事務所(所員四人)、九州支社(社員八人)、万博室(池田縞三ほか五人)。以上社員総数八十七人、主たる業務はタレントあっせん。

②**東京ミュージック**(東京音楽院)……資本金百万円、代表取締役渡辺美佐、学院長馬渡誠一、講師渡辺晋、浜日庫之助、中村八大、宮川泰、白木秀雄など九人。生徒数約二百人、事務員五人、主なる業務は渡辺プロのタレント養成。

③**日本放送録音**……資本金八千三百万円、社長坂口平兵衛、副社長渡辺晋、主たる業務は録音設備の賃貸、放送、TV番組、CM・レコード、フォノシート、録音テープ制作などの請負。

④**共同プロダクション**……資本金二百五十万円、代表取締役高橋正身、役員(ナベ・プロ)松下治夫、吉沢武夫等、現在は解散のための残務整理中。

⑤**大洋音楽出版**……資本金百万円、代表取締役永島達司、渡辺美佐(共同経営)、社員五人。主た

る業務は外国曲のサブ・パブリシティー（下請出版）、アメリカのユナイテッド・アーチス社（略称UA）、スクリーン・ジェームズ、ドミニオンなどとカタログ契約を結んでいる。

⑥**渡辺音楽出版**……資本金三百万円、代表取締役渡辺美佐、主たる業務内容はオリジナル・パブリッシャー（原出版）、社員数七人。

⑦**渡辺企画**……資本金五千万円、社長渡辺晋、副社長渡辺美佐、社員三十人。主たる業務はTV番組の企画制作、演出、CMフィルムの作成。

⑧**ビー・ビー・プロモーション**……資本金百万円、代表取締役板沢吉祐、社員八人。外人タレントの招へい、及び日本芸能人の派遣。

⑨**ぷろだくしょん〝道〟**……資本金二百万円、社長渡辺美佐、社員四角。タレントのあっせん、マネージメント。

⑩**日比谷音楽事業**……資本金三千万円、代表取締役藤本真澄。主たる業務は料飲食店、ミュージック・スナックバー〝メイツ〟の経営。

⑪**アポロン音工**……資本金六千万円、社長渡辺美佐、副社長友田信、社員八十人。主たる業務は音楽テープの製作。

……以上十一社が、ナベ・プロの系列に属する。それぞれが芸能界各分野の二社、三社、あるいは数社とからみあって、深く根をおろしている。〔**表4**〕を見れば一目瞭然である。呼び屋、外国資本、東宝、東急、平凡出版社、電通、文化放送、パイオニア音工（ステレオ電蓄製造）、サンケイ新聞、フジTV等がナベ・プロを軸に〝芸能王国〟を形成している。総資本二億四千五百五十万円、その巨大なサークルに、二百四十人のタレントがプールされる。一九六七年末現在におけるナベ・プロのタレント総員を列記すれば左の通り。

伊藤エミ、伊藤ユミ（ピーナッツ）、中尾ミエ、梓みちよ、園まり、伊東ゆかり、木の実ナナ、由木まなみ、槙みち子、奥村チヨ、島夕子、西夏絵、伊藤きよ子、井上ひとみ、永田克子、エセル中田、美保くるり、岡田恭子、恒川恵子、中島潤、ほり・まさゆき、鹿内タカシ、尾藤イサオ、フランツ・フリーデル（鹿内以下大橋プロ）、田辺靖雄、山田寛一、望月浩、森進一、北上淳也、泉幸二、マノロ・バルデス、千田浩二、中谷良、〔クレージー・キャッツ〕ハナ肇、植木等、谷啓、犬塚弘、石橋エータロー、桜井センリ、安田伸、〔リリオ・リズム・エアーズ〕伊藤素道、古川和彦、山井しげる、石島健一郎、河野通雄、〔フォー・メイツ〕渚一郎、川原たけし、吉野和夫、山崎功、〔クッキーズ〕森くるみ、築紫恵子、〔フォー・リーブス〕おりも政夫、青山孝、北公次、江木俊夫〔スクール・メイツ〕（三十名）、藤田まこと、なべ・おさみ、小松政夫、野川由美子、阿部京子、〔ドリフターズ〕いかりや長介、加藤茶、荒井注、仲本工事、高木ブー、〔白木秀雄クインテット〕（五名）、〔平岡精二クインテット〕（六名）〔松宮庄一郎とシックス・ジョーズ〕（六名）、〔津々美洋とオール・スターズ・ワゴン〕（五人）、〔ワイルド・ワンズ〕加瀬邦彦、植田芳暁、鳥塚繁雄、渡辺茂樹、島英二、〔ザ・タイガース〕沢田研二、岸部修三、睦みのる、森本太郎、加橋かつみ、〔アウト・キャスト〕徳日雄右、中沢啓光、

[表4] ナベプロと系列会社

渡辺プロ	'55	1,200万円	渡辺晋(社長),渡辺美佐(副社長),河合省三,栗林一二
東京ミュージック	'60.11.24	100 〃	渡辺美佐(社長),馬渡誠一(校長・元ポニー音楽教室),小島正雄(音楽評論家・死亡),長尾正士,河合省三
日本放送録音	'61. 5.27	8,300 〃	坂口平兵衛(社長),渡辺晋(副社長),白井勇,佐藤久吉,岩井三郎,加藤幸四郎,増木幾男,小栗啓三部,宇津木綱夫
共同プロ	'61. 7. 3	250 〃	高橋正身(東京プロ),吉沢武夫(ナベプロ),松下治夫(ナベプロ),小松純一(ナベプロ),河合総一郎(ナベプロ),野々山定夫(ハナ肇)
大洋音楽出版	'62. 6.20	100 〃	永島達司(協同企画),渡辺美佐,マイケル・スチュワート(UA),シドモア・パーンズ(UA),アルネヴィンズ(UA),ドン・カーシュナー(UA),高尾一孝
渡辺音楽出版	'62.10. 9	300 〃	渡辺美佐(社長),渡辺晋,長谷川十四郎(東宝),菊田数男(一夫・東宝),藤本真澄(東宝),藤井肇(音楽評論家),柴山★胖★(東宝),松下治夫,雨宮恒之(東宝),原田英雄(東宝),深井襄(渡辺企画),河合省三

水谷淳、轟健二、大野良治、〔**ブルー・コメッツ**〕ジャッキー吉川、井上忠夫、三原綱木、高橋建二、小田啓義(大橋プロ)、〔**白石信とナレオ・ハワイアンズ**〕(六名)、〔**麻生京子とブルー・ファイア**〕(五名)、〔**ブルー・コースターズ**〕(五名)、〔**バロン**〕(麻生以下大橋プロ)、〔**レオ・ビーツ**〕西信行、中野建二、中村伸次、古賀修、東信行、黒沢洋、〔**アタックメン**〕黒川正芳、方波見勇、須山薫、広田三男、木下孝〔**ハプニング・フォー**〕(四名)、〔**スマイリー小原とスカイ・ライナーズ**〕(十八名)、〔**チャーリー石黒と東京パンチョス**〕(十八名)、〔**木谷次郎とブルー・ソックス・**

渡　辺　企　画	'65. 5. 1	5,000 万円	渡辺晋（社長），渡辺美佐，浅田誠彦（元電通），五島昇（東急），藤本真澄，岩堀喜之助（平凡），牧場金之助（平凡），菊田数男，清水達夫（平凡）
ビービー　プロモーション	'65. 1. 1	100　〃	板沢吉祐，吉沢武夫，生野悟（ナベプロ），高橋正身（ナベプロ）
ぷろだくしょん〝道〟	'66. 1. 5	200　〃	渡辺美佐（社長），渡辺晋，浅田誠彦，村山俊郎
日比谷音楽事業	'67.11.10	3,000　〃	藤本真澄（社長），渡辺晋，長谷川十四郎，松本達部（東宝），渡辺美佐，河合総一郎，松岡増吉（東宝）
アポロン音工	'67.12.10	6,000　〃	渡辺美佐（社長），友田信（副社長・文化放送），岩堀喜之助，松本望（パイオニア音工），斉内祥三（文化放送），水野成夫（サンケイ新聞・フジTV），小林竜勇（文化放送），松本誠也（パイオニア音工），皆美享衛（文化放送），松本正毅（文化放送），松下治夫，石塚庸三（パイオニア音工）

オーケストラ〕（十六名）、**〔シャンパーズ〕**土居甫、柳昭子、湯浅達子、小宮山淑子、遠藤光男（ダンシング・チーム）、津村ひさし、飯野おさみ、菊田ゆか、深山ゆり、長沢純、須藤典子（菊田以下は渡辺企画に所属）、**〔ぷろだくしょん〝道〟〕**林美智子、津川雅彦、久我美子、水野久美、佐藤慶（以上二百四十名）

白木秀雄、平岡精二などの楽団員の名をあげなかったのは、省略したのではない。ナベ・プロのタレント名簿には、たとえば〝レオ・ビーツ〟〝アタックメン〟〝シャンパーズ〟等の個人名は記載してあっても、ジャズ・バンドのメンバ

［表５］ナベ・プロのユニット形番組

番　　組　　名	局　名	曜日	放映時間	視　聴　率
ヤング・ジャンボリー	TBS	土	後 7：00	14.9％
土曜日の恋人	NTV	土	9：00	11.0
シャボン玉ホリデー	NTV	日	6：30	21.6
スターものまね大合戦	NET	日	7：30	16.9
あなた出番です	NTV	月	7：00	22.1
ザ・ヒットパレード	フジ	火	7：00	18.2
ヤアヤアヤング	フジ	水	7：30	15.9
ダイナマイト・サウンズ	NTV	木	8：00	12.6
７時だ！とび出せ	TBS	木	7：00	21.6
植木等ショー	TBS	木	9：00	22.4
ミュージック・ペンダント	TBS	木	10：15	？

ーは単に人数が記載してあるにすぎないのである。そのことが何を意味するかは、すでに述べた。

ともあれ、このボウ大な〝人的資源〟から、ナベ・プロはスターをつくりあげる。テレビ、映画、レコードの客県に占有する〝直営マーケット〟にタレントを送りこみ、計画的に売りだしていくのである。〔表５〕、〔表６〕は六七年末現在、テレビ、映画におけるナベ・プロのマーケットの一部である。

「いまや、ナベ・プロなしではテレビ番組制作は不可能ということでもある」（TBS、砂田大ディレクター）。

ナベ・プロが自社のタレントを出演させられないのは、NHKの「素人のど自慢コンクール」と教育TVのクラシック・アワーのみである。歌謡番組のみならず、ドラマ番組にもナベ・プロの進出はめざましい。NHK「素顔の青春」（阿部京子）「旅路」（久我美子）、「けんちとすみれ」「ゆば」（林美智子）など主役、準主役のレギュラー番組をつねに占有している。六七年には、

〝道〟に所属する佐藤慶が、「三姉妹」「白い巨塔」で茶の間の人気を集めたことは記憶に新らしい。いわゆる〝ユニット制〟のからくりについては、後段に一章を設けて解説しよう。

佐藤慶、林美智子のように、一匹狼でも通用する演技、パーソナリティをそなえたタレントのばあいは問題ないが、未完成の新人、ずぶの素人にちかい連中をスターに仕立てあげる際には、ナベ・プロは平然と詐術を行う。たとえば、タレントの供給源である東京音楽院は、わずか六カ月の養成期間で〝卒業〟できる仕組みである。歌も踊りも演技も、たった半年の訓練で新人はブラウン管に登場する。布施明、森進一、望月浩、スクール・メイツなどが、インスタントに世に送られた。一九六六年七月、NTV「シャボン玉ホリデイ」のカバー・ガールが〝一般公募〟された。数万通もの応募があったが、七月十日共立講堂で発表された当選者は前記の阿部京子、NHKの「素顔の青春」に主演することが内定していたナベ・プロ所属のタレントであった。しかし、当選者が公衆の面前でスリかえられたことは、誰の目にもあきらかだった。まったくの新人をドラマに主演させるために、ナベ・プロはまず自社の〝ユニット番組〟のカバー・ガールとして登場させたのである。恵とも子の場合もまたしかり、そしてついにナベ・プロは「あなた本番です」（NTV）という〝オーデイション〟番組までブラウン管に登場させる。

一九六二年以降、ナベ・プロは東宝資本との提携を深め、藤本真澄、菊田一夫の両専務をはじめとするほとんどの重役陣を、自社系列の役員にむかえた。それは、東宝資本にナベ・プロが従属するという形ではなく、むしろ逆に東宝の最高幹部に経営の〝連帯責任〟を負わせる政略的な意味を持つ。

［表６］渡辺晋・美佐夫妻の東宝プロデュース作品

	題　　名	プロデューサー	監　督
62. 7.29	若い季節	渡辺美佐，山本紫郎	古沢憲吾
63. 3,24	クレージー作戦先手必勝	渡辺晋，森田信	久松静児
6.30	若い仲間たち　うちら祇園の舞妓はん	渡辺美佐，杉原貞夫	佐伯幸三
7.13	日本一の色男	渡辺晋，安達英三郎	古沢憲吾
10.26	クレージー作戦くたばれ無責任	渡辺晋，安達英三郎	坪島孝
11.21	香港クレージー作戦	藤本真澄，渡辺晋	杉江敏男
64. 2. 1	男嫌い	渡辺美佐，金子正旦	木下亮
3.20	今日は赤ちゃん	渡辺晋，田実泰良	松林宗恵
3.20	続・若い季節	渡辺美佐	古沢憲吾
6. 1	日本一のホラ吹き男	渡辺晋，森田信	古沢憲吾
7.11	無責任遊侠伝	渡辺晋，安達英三郎	杉江敏男
8.30	西の王将東の大将	渡辺晋，森田晋	古沢憲吾
10.31	ホラ吹き太閤記	渡辺晋，森田晋	古沢憲吾
12.20	花のお江戸の無責任	渡辺晋，藤本真澄	山本嘉次郎

一九六六年七月に発売された内藤洋子「白馬のルンナ」（コロンビア）吹込みのさいに、「歌のことをなぜわれわれに相談しないのか」と渡辺晋が東宝に怒鳴りこんだエピソードは、ナベ・プロと東宝の現時点における、力関係をもの語る。クレージー物、植木等の無責任シリーズであてたナベ・プロ側から見れば、東宝に対して〝貸方勘定〟になっているということであろう。とくに密接な関係にある藤本真澄を通じて、東宝資本と連合し、ナベ・ブロ＝東宝同盟軍で芸能界を征覇しようという晋・美佐の構想をそこに見ることができる。しかし、その連携におのずから崩壊の時がおとずれるだろうことを、

65. 5.29	日本一のゴマスリ男	渡辺晋，森田信	古沢憲吾
6.20	おれについてこい	渡辺晋，森田信	堀川弘通
6.20	続・西の王将東の大将	安達英三郎，渡辺晋	杉江敏男
10.31	大冒険（渡辺プロ）	藤本真澄，渡辺晋	古沢憲吾
66. 1. 3	クレージー無責任清水港	藤本真澄，渡辺晋	坪島孝
3.16	日本一のゴリガン男	渡辺晋，森田信	古沢憲吾
5.28	クレージーだよ奇想天外（渡辺プロ）	渡辺晋	坪島孝
8.14	てなもんや東海道（宝塚，渡辺プロ）	渡辺晋	松林宗恵
10.29	クレージー大作戦	渡辺晋	古沢憲吾
1. 4	クレージーだよ天下無敵	渡辺晋	坪島孝
3.12	幕末てなもんや大騒動	渡辺晋	古沢憲吾
4.29	クレージー黄金作戦	渡辺晋	坪島孝
9. 2	てなもんや幽霊道中	渡辺晋，五明忠人	古沢憲吾
10.28	クレージーの怪盗ジバゴ	渡辺晋，五明忠人	坪島孝
10.28	ドリフターズですよ前進前進また前進	渡辺晋，五明忠人	和田加訓
12.30	日本一の男の中の男	渡辺晋	古沢憲吾

私たちは予感する。ナベ・プロの役員に顔を出そうとしない森岩雄副社長、清水雅会長、松岡辰郎社長などの腹中には別の考えがあり、将来に期する深謀があるのではないか。藤本、菊田体制がくずれるとき、ナベ・プロと東宝の関係は現在とはまったく異なってくるだろう。

東宝にならって、松竹も六七年からハナ肇主演の〝提携作品〟を製作している。東映は美空ひばりと植木等の共演映画を希望して、岡田茂京都撮影所長が渡辺美佐に交渉したが、これは実現しなかった。大映は中尾ミエを借入れるために、日活も園まり主演の企画を立てて、ナベ・プロに日参をつづけた実績がある。「ナべ・プロのハナ息をうかがわなければ映画もつくれなくなってしまった。世も末だがこの斜陽では仕方があるまい。もっとも、こういう状態が長くつづくとは思えないがね」（岡田茂京都撮影所長）

レコード界に於けるナベ・プロの領域は、各社の企画性の無さによる停滞に乗じて最近ますます拡大されている。各社に所属するナベ・プロ傘下タレントは、〔**キング**〕ザ・ピーナッツ、伊藤ゆかり、梓みちよ、布施明、木の実ナナ、鹿内タカシ、ほり・まさゆき、レオ・ビーツ、山田寛一、井上ひとみ、〔**ビクター**〕中尾ミエ、森進一、田辺靖雄、槙みちる、クッキーズ、〔**コロンビア**〕ジャッキー吉川とブルー・コメッツ、伊藤きよ子、ウランツ・フリーデル、〔**グラモフォン**〕園まり、タイガース、島友子、由木まなみ、千田浩二、〔**東宝**〕加山雄三、ワイルド・ワンズ、奥村チヨ、長沢純、西夏絵、永田克子、望月浩、中島潤、尾藤イサオ、ハプニング・フォー、〔**テイチク**〕泉浩二、〔**クラウン**〕〔**ミノルフォン**〕なし。

レコード八社のうち最もナベ・プロの領域が広いのはキングと東芝だが、その理由はナベ・プロのスターがそのまま両社の主力歌手であること、その歌手の持ち唄が渡辺音楽出版の契約作詞家、作曲家によるものであることによる。宮川泰、中村八大、いずみたく、弾厚作（加山雄三）、平尾昌章、荻原哲男、東海林修、山本直純、森田賢一郎、すぎやま・こういち、平岡精一、加瀬邦彦、井上忠夫、大沢保郎、鈴木淳らが渡辺音楽出版の契約作曲家である。契約作詞家は岩谷時子、安井かずみ、塚田茂、水島哲、橋本淳、青島幸男、江間章子、有馬三恵子、渡辺音楽出版の仕事を優先する契約のなかにし礼がいる。

以上の作詞家、作曲家に歌曲をつくらせ、系列の日本放送録音でマザーテープを自社タレントに吹き込ませ、レコード会社に販売する。レコードをプレスして、販売店に流す一歩手前の段階の一貫作業である。その利益の大半をナベ・プロ、渡辺音楽出版が握ることはもちろんである。日本放送録音は、この他にもナベ・プロ関係のテレビ番組製作に要する一切の業務を請負いそこからもバク大な利潤を生むシステムになっている。アポロン音工の発足は、日本放送録音とならんでナベ・プロ系列の中の最も強力な企業体をつくっていくであろう。

ナベ・プロの「聖域」について、さらにくわしく述べようとすれば、それだけで予定の枚数がつきてしまう。

戦後二十三年の道程は、東北の一都市で占領軍に寄生して発足した〝芸能プロ〟を、ここまで巨大に成長させたという現実だけを私たちは確認して、次にうつることにしよう。

〝群小〟プロの展望

ナベ・プロを中心とした現在のプロダクション勢力図のなかで、他のプロダクションの占める領域は、ごくわずかにしかすぎない。テレビに象徴されるマス・メディアの発達は、芸能プロダクションをして音楽界の中心的存在に押しあげ、今日、およそ三百といわれる〝音楽芸能プロ〟の隆盛をつくった。だが、これらの数のプロダクションのうち力関係で、テレビ局・レコード会社の優位に立てるのは、ほんの一握りの部分でしかない。なぜなら、プロダクションにとって〝売れるタレント〟を持つことが、この条件を満たす必須の条件であるからだ。そして売れるタレントは、せいぜい三十たらずのプロダクションによって掌握されている。

だがあるていど売れるタレントを持つプロダクションにしても、ナベ・プロとのあいだには相当の開きがある。それは、資本金ひとつを例にとってみても明白である。現在のナベ・プロの資本金は一千二百万円、系列会社を合計すると二億円をこえる。それに対して、他のプロダクションの資本金は〔表7〕にみられるように一千万円どまり、アンチ・ナベ・プロの牙城と言われている〝東洋企画〟の資本金は、わずかに五十万円（ちかく三百万円に増資する計画）である。

また、現在かかえているタレント数にしろ、テレビ・映画に占有するシェアにしろ、ナベ・プロの持つ力は圧倒的である。それゆえ、これからいくつか挙げるプロダクションの領域、位置づけは、どうしてもナベ・プロとの照応関係のなかでしか捉えられない。プロダクションの功罪をあわせ持ち、この世界で確固たる地位を築きあげたナベ・プロは、〝群小〟プロに対して、ひとつの方向性（いい悪いは別にして）を与えている。他の群小プロはこれを無視することはできない。

ナベ・プロと最も〝親密〟な関係にあるプロダクションに、美佐の両親が経営する〝マナセ・プロ〟（社長　堀谷強）がある。坂本九、九重祐三子、ジェリー・藤尾らをようするマナセは、終戦直後からずっと第一線で活躍してきた、いわば〝芸能プロ〟の草分けである。曲直瀬の血族は、ロカビリー全盛当時、芸能一家として話題を集めた。長女美佐はロカビリー・マダムとして、三女の翠は鈴木章治とリズム・エースのマネージャー、四女の信子は坂本九の売り出しと、三姉妹の活躍ははなばなしかった。水原弘、森山加代子、パラダイス・キングという人気タレントをかかえ、ナベ・プロと勢力を二分していたが、水原弘が去り、森山加代子が脱けて衰退の一途をたどった。それは〝どんぶり勘定〟の経営と、時代に対応することが出来なかった前近代性、そして何よりもナベ・プロとの企業戦争に敗北したことが決定的なボウ落の原因となった。現在マナセは、ユニット番組「九チャン！ ハーイ」（日本テレビ）の坂本九ひとりが孤軍奮闘して、屋台骨をささえている現状だ。九重裕三子は、昨年「紅白歌合戦」の司会者にえらばれたように歌手としてよりも俳優として活路を見出そうとしている。

ナベ・プロと業務提携を結びながら発展してきたのが〝大橋プロ〟である。昨年度レコード大賞を獲得したジャッキー・吉川とブルー・コメッツの拾頭により、あなどりがたい勢いで伸びてきた。〝大橋プロ〟所属タレントのTV出演、レコード吹き込みは準専属という形でナベ・プロの手を通して行なわれている。〝大橋プロ〟の所属タレント、ブルー・コメッツをはじめ、尾藤イサオ、鹿内タカシらは、ナベ・プロ一覧表に見られる。

はじめはナベ・プロの系列会社として発足しながら、その後ナベ・プロから独立したプロダクションに、〝第一プロ〟と〝東京プロ〟がある。一九六一年、ナベ・プロに嘱託という形で籍を置いていた岸部清は、ナベ・プロと資本を出し合い、井上ひろしと〝東京第一プロ〟を設立。その後、飯田久彦、スリー・ファンキーズ、西郷輝彦らを売り出した。だが、ナベ・プロと同じ傾向のタレントをかかえていること、経理に不明確な点が出てきたこと、さらに西郷輝彦の脱退と、これら三つの問題が

昭和42年末現在

タレント総数	主　な　タ　レ　ン　ト　名
タレント　25 コーラス) 8 ・・・	雪村いずみ，青江三奈，竹越ひろ子，松島アキラ，紀本ヨシオ
40	いしだあゆみ，内田裕也，横山道代，中山昭二，大津美子
タレント　3 コーラス　3 バンド　4	三口一郎，本田俊夫・私満義孝クインテット，ペギー葉山，スリー・グレイセス，フォー・コインズ，バッキー白片とアロハ・ハワイアンズ
タレント　25 バンド　5	三田明，西田佐知子，久保浩，田代みどり，小宮恵子
タレント　7 バンド　3	坂本九，ジェリー藤尾，九重佑三子，鈴木章治とリズム・エース
70	岸洋子，加藤登紀子，田代美代子，芦野宏
タレント・バンド　15組	守谷浩，本間千代子，斎藤チヤ子
6	石原裕次郎，浅丘ルリ子，黛ジュン
70	青山和子，コロンビアローズ，都はるみ，加賀城みゆき，三島敏夫，島倉千代子，梶光夫，こまどり姉妹，北原謙二，大下八郎
8	舟木一夫，沢知美，高田美和，阿木譲
60	畠山みどり，美樹克彦，扇ひろ子，島和彦，大形久仁子，赤木二郎，井上ひろし
タレント　63 バンド　3	アイ・ジョージ，三口連太郎，丹波哲次，嵯峨三智子，安藤昇，堀雄二，山本豊二，高石かつ枝，小野栄一
タレント　4 バンド　4	ジャッキー・吉川とブルー・コメッツ，尾藤イサオ，鹿内タカシ，フランツ・フリーデル
30	フランク・永井，橋幸夫，三沢あけみ，永井秀和，榎本美佐江，神楽坂浮子
12	村田英雄，北島三郎，山田太郎，新川二郎，二宮ゆき子，五月みどり
12	佐良直美，キューティQ，錦城ロコ，今陽子

3．昭和40年7月17日オールスタッフ・プロダクションは会社清算結了。（昭和40年5月12日解散決議）ビクター芸能は横浜に，新栄プロは墨田区にそれぞれ登記してあるらしい。

［表7］主なる芸能プロ一覧表

プロダクション名	成立年月日	資本金（単位万）	社長	社員数
(有)木倉事務所	31・4・6	300	木倉　博恭	28
※(株)芸映	34・3・10	1200	中谷　瑛司 青木　寅夫	16
(株)東和商会太田プロダクション	34・5・14	100	太田　耕二	15
※東洋企画(株)	35・1・8	50	谷　カズエ	30
(株)マナセ・プロダクション	35・8・11	200	堀谷　強	教えてくれず
※(有)石井音楽事務所	36・10・12	60	石井　好子	25
※(株)ホリ・プロダクション	38・1・6	200	堀　威夫	15
※(株)石原プロモーション	38・1・16	500	石原裕次郎	18
※コロンビア音楽芸能(株)	39・3・31	1000	丸山　鉄雄	33
※第一共栄(株)	39・7・31	200	阿部　勇吉	20
※(株)第一プロダクション	40・2・1	200	岸部　清	30
※(株)太平洋テレビ	32・9・20	200	清水　昭	110
(株)大橋プロダクション	41・10・11	280	大橋　道二	25
※(株)ビクター芸能	32・3・22	500	永野　恒男	38
(株)新栄プロダクション	33・10・20	1500	西川　幸男	40
※(株)オールスタッフ・プロダクション	40・5・13	500	今泉　隆雄	30

（注）1．※印は別会社で音楽出版社を持つプロダクションである。
　　　2．タレント総数・社員数は概数である。

からみ合って岸部清と渡辺晋とは正面衝突した。ナベ・プロは〝東京第一プロ〟をつぶしてしまおうとしたが税金滞納が七、八百万円もあったため、社名を〝共同プロダクション〟と改名、渡辺晋も岸部清も役員からおり、高橋正身（現東京プロ社長）、ハナ・肇らが取締役となって、六五年三月発足した。岸部清は同年二月、飯田久彦、井上ひろし、クール・キャッツを引きつれて〝第一プロ〟を設立した。現在、畠山みどり、美樹克彦、島和彦、扇ひろ子、和田弘とマヒナスターズ等そうそうたるメンバーをそろえている。ナベ・プロの資本は、一切入っていない。高橋正身も退職金代りにシャープ・ホークスと車英二を貰い、〝東京プロ〟を六七年八月につくって独立する。そのため現在の〝共同プロ〟は、残務整理をしている状態である。〝東京第一プロ〟から〝太平洋テレビ〟清水昭のバック・アップによって脱退した西郷輝彦は、その後一年間〝太平洋テレビ〟に籍を置いていたが、新たに、〝日盛プロ〟を設立。取締役には、岸部が一時、名をつらねていた。

西田佐知子、三田明、久保浩らを擁する〝東洋企画〟（社長谷和子）は成立当初、アンチ・ナベ・プロ勢力の形成という意志によって生まれた。その意味で、〝東洋企画〟は異色な存在であるはずだし、アンチ・ナベ・プロの牙城と言われるゆえんである。だが現在、創立当初の意志が受けつがれているかどうかは疑問である。

「ナベ・プロはナベ・プロだし、うちはうちですよ。ナベ・プロを肯定も否定もしません。うちはナベ・プロとちがう道を歩いているし、そうしないと音楽文化の向上はあり得ないでしょう」（専務取締役・大森俊夫）。

六一年四月、堀威夫は〝東洋企画〟から守屋浩らをひきぬいて〝ポリ・プロ〟を設立、そのためにタレントは二つに分散してしまった。六四年谷富治郎が死亡して夫人の和子が現在名目だけの社長となり、実際の経営にはたずさわっていない。それが〝東洋企画〟が創立当初の意志から現在遠のいているひとつの原因であろうし、逆にナベ・プロの力が強大になって来たあらわれでもあろう。

一方のアンチ・ナベ・プロの旗頭に、三国連太郎、丹波哲郎、安藤昇、嵯峨三智子の〝太平洋テレビ〟（社長・清水昭）がある。〝太平洋テレビ〟の特徴は、労働法律で定められた十パーセントの斡旋料しかタレントから収奪しないということを、明確に打ち出したところにある。法で定められた十パーセントが、芸能プロダクションによってなしくずしにさせられ、ナベ・プロに典型的にみられるようなタレントの〝月給制〟が一般化している現状で、〝太平洋テレビ〟のテン・パーセント・マネージメントは、その〝月給制〟牽制の意味が含まれている。だが、最高の条件であるはずのテン・パーセント・マネージメントも、タレント獲得には予想ほど成功せず、かえって西郷輝彦、伊藤雄之助のように太平洋テレビを脱退して行く逆現象さえ呈している。実際にテン・パーセント・マネージメントで、経営は成り立って行くのか？

「丹波哲郎、三国連太郎……みんなそれぞれ相当なギャラをとる。だから、たとえば五万円クラスのタレント百人分に一人が匹敵する。サラリーマンみたいなタレントはうちでは必要ない。五十万円以下の人は入れていない。プロダクションにはタレントを〝育てる〟という感覚があるがうちみたいに百万円以上になっている人を集めれば、その必要はない。いわゆるタレント・クラスには、十パーセント制度は不合理である。金はいらない、金をつぎこんでも売り出してもらいたい……という人は、うちに来ても仕方がない」（清水昭）。

〝太平洋テレビ〟はたしかにユニークな存在である。だがそれがユニークな存在として評価されることと自体を、私たちは問題にしなくてはならないのだ。

ナベ・プロと歌の領域でまじわらないプロダクションに〝新栄プロ〟がある。ここは、村田英雄、北島三郎、山田太郎、新川二郎、五月みどりといった演歌調歌手オンリーで構成されているため、たがいの領域を犯す心配がなかった。しかし、園まり、森進一と意識的にナベ・プロが演歌調を売り出していくと、その地図は修正の必要が生れてくるだろう。

ほかに、岸洋子、田代美代子、加藤登紀子、芦野宏、中原美沙緒などシャンソン歌手中心の〝石井音楽事務所〟（社長・石井好子）がある。シャンソンはファン層が薄いため、経営が苦しい。そこで〝呼び屋〟業務が相当な比重を占めている。同事務所が六七年度に呼んだ外人タレント約百人、この付帯事業で経営が成り立っているのが現状のようだ。本年十月には「呼び屋の夢だった」ソ連の〝赤軍合唱団〟総勢百八十五名を呼ぶという。「何とか成功させるために今年はこれ一本にしぼってやってみます」（石井好子）

その他、先ごろナベ・プロと森進一の争奪戦を演じた、雪村いづみ、青江三奈、竹越ひろ子、紀本ヨシオをかかえる〝木倉事務所〟、石原裕次郎、黛ジュン、浅丘ルリ子の〝石原プロモーション〟、いづみたくの〝オール・スタッフ・プロダクション〟、山本リンダの〝岡田プロ〟、そして舟木一夫の〝第一共栄〟等がある。

いっぽうに、いわゆる〝芸能プロ〟とは性格の異なるものに、レコード会社によって作られたプロダクションがある。〝ビクター芸能〟〝コロンビア音楽芸能出版〟〝東芝音楽芸能出版〟等がそれに当る。これは自社のレコード歌手がプロダグションに移行するのを防ごうとする、レコード会社の自衛策のため生まれて来たのだが、成功しているとはいいがたい。橋幸夫、フランク永井、三沢あけみ、永井秀和を持つ〝ビクター芸能〟をのぞいて、相変らず、人気歌手は〝芸能プロ〟に押えられている。「うちはタレントにより多くのギャラが流れるように、という意志に沿ってつくられた。昔のレコード会社の歌手は、専属料と印税だけで食べていくことができたが、それだけではやっていけなくなってきたので、食べて行けない面を援助するためにできた。つまり、実演、映画出演のあっせんである。はじめの趣旨に沿えず大分変形して来たが、ナベ・プロのようなことは私たちにはできない」（ビクター芸能取締役・島崎文雄）

私たちが取材したプロダクション経営者のほとんどすべてが、ナベ・プロの現在の隆盛に、同業者として賛意を表していた。それはそれでいいだろう、と。だが彼らには、決してナベ・プロを追いこすことはできないように思える。なぜならば、彼らは未来へのヴィジョンも、プログラムも持たないからである。彼らはナベ・プロのようにもうけることを夢みて、ナベ・プロの足跡をたどりながら歩んでいく。彼らが一歩進めば、ナベ・プロは二歩、四歩進めば八歩、ナベ・プロと彼らの距離が離れることはあっても、ちぢまることはない。量の追いかけっこをしたところで、ナベ・プロがすでにきずきあげた資本力にかなうはずはないのだ。ナベ・プロは金力と権力に結びつき、〝芸能プロ〟のパイオニアとしての道を歩んで来た。それがどのような裏切りと収奪の道であったかはすでに述べた。「権力は自分を映す鏡を持たない」という。ナベ・プロもまた、自分を映す鏡を持っていない。他の〝芸能プロ〟が、ナベ・方式を採用しているかぎり、そめ競合の中で、ナベ・プロの無反省な繁栄はつづくだろう――。

高橋正身（東京プロ社長）の話――「ナベ・プロはすごいね、オレも早くナベ・プロみたいになって金をもうけたいよ。オレだって、ナベ・シンのやることぐらいできるが、美佐という女を持っていないからな、その差だね。ナベ・プロは、そんなに金をばらまいていないよ、すごいケチだから、そんなことはしないよ。ジャーナリストにだってせいぜい五千か一万の〝車代〟さ。オレのほうが使ってるよ、あれだけ大きくなれば使わなくてすむんだ。東京新聞の伊寿二が、〝タレントに会っておいたほうがいい〟といって、大分人を紹介してたな。その時分には、毎月二百万ぐらいの交際費を使っていたが、いまではね。ああ、オレも早くナベ・プロになりたいな。うちの車英二（東芝）を売り出すのに、いままで百五十万ぐらい使ってる。東芝なんかもっと損してるよ（約千五百万円）。こういう商売は金を使うんだ、歳暮なんか七十万ぐらいかかる。うちも月給制だよ、車英二の月給は二万だよ。早くナベ・プロみたいになりたいよ」

荒井利典（新日本芸能社社長）の話――、「オレはあんまり知りすぎているから、しゃべれないよ。だれの紹介で来たのかしらないが、オレのところへ来たのは賢明でもあるし、その逆でもあるな。なにしろオレはしゃべらないからね。ナベ・シンのことも、法律関係――これはオレが労働省で聞いて来たことを他のプロダクションに教えているんだから、——のことも、そりゃアくわしいんだ。とにかくオレは知りすぎているから、他の人を紹介するよ。その結果を知らせて、しまくれたら、それによってオレもしゃべるか、しゃべらないか考えるから……。ずるいというのはわかっているが、同業者だし、事業協会の理事をやってる関係上、あるところまでいったら、ナベ・プロをかばわなければならないんだな」

堀威夫（ホリプロ社長）の話——「いまの私の立場からして、同業者に対する批判も、見解も述べられませんなア。私の場合は、晋さんよりもズッと若僧だし、できればお話ししない方がよいのではないかと思います。話しはじめれば、私は正直に自分の考えていることを全部しゃべってしまうでしょうし……」

さて、総括しよう。強大なナベ・プロに対抗し得る勢力は、ついに見当らない。つぎにふれることになる〝西野バレエ団〟の西野皓三のようた、渡辺プロダクションの堅固なとりでにあえて挑もうとする、ドン・キホーテはまれである。ナベ・プロの牙城に対抗する意気と姿勢をくずさなかった、〝東洋企画〟の谷富次郎はすでにない。マナセ・プロはいまや、ポンドを切りさげた大英帝国の観がある。〝新栄プロ〟の西川幸男はもと興行師、歌手にとってもっとも大きな収入源となる地方興行に強い。しかし、そこに発展の可能性はあるまい。すくなくとも〝音楽文化〟という見地からは……。

つまり多くの〝芸能プロ〟は、正確な意味での「企業」ではあり得ない。それは単に、タレントとマネージャーが合体して、形式だけの株式会社を名乗っているにすぎない。タレント自身の側にも、

〝芸能プロ〟が企業としていくのをよろこばない傾向がある（金だけはたくさん欲しいくせに）。

たとえば西郷輝彦、彼は、もと〝第一プロ〟の相沢頑をマネージャーとして〝日盛プロ〟をつくった。その相沢が永井秀和を発見した。永井のタレント性をみとめた彼は〝日盛プロ〟で永井をマネージメントしようとした。ところが、西郷は「永井のマネージメントをするなら会社をやめてからにしてくれ」と、血相を変えてゴネ出した。やむを得ず、相沢は永井をあきらめた。ようするに西郷は、自分を追うものをただ恐れるタレント根性から、どうしても脱けだすことができないのである。バーブ佐竹を例にとれば、彼は株式会社〝バーブ・プロモーション〟の社長である。だが、この会社の経理はズサンをきわめている。おそらく、何も知らないバーブを、寄ってたかって食いものにしているのだろう。しかも、どうだ！　それぞれの〝芸能プロ〟は、十人も二十人もの社員をかかえ、有名タレントは無数の（といいたくなるほど大勢の）家族係累を養っている。舟木一夫の〝自宅〟の一カ月の経費は約二百万円である。一カ月の税込み収入が七百万から一千万円の橋幸夫は、ほとんど自分の金というのを持っていない。

屍体にむらがるハイエナのように、スター・タレントのまわりには人が集まってくる。〝芸能プロ〟は、多かれ少なかれ、そのために経営されていると考えていい。群少のプロダクションが、ナベ・プロを目指しながら「企業」となり得ない理由は、そのへんにある。

ナベ・プロには利潤追求のテーマがあり、冷酷無情ともいえる経営の戦略がある。音楽文化の面で不毛であることにおいても、他の〝芸能プロ〟はナベ・プロと同様であるのだから、そこに〝革命〟

がおこる気づかいはない。
いうならば、ナベ・プロは徳川幕府である。

西野バレエ団のばあい

ナベ・プロの取材に併行して、私たちは、〝西野バレエ団〟についても、三カ月余の時日をついやして徹底的な調査を行った。

集められたデーターは、二百字詰めの原稿用紙にして三百枚をこえる。だが、あえて、その大部分を割愛することにした。その理由は、〝芸能プロ〟の現状を打破する志向を、私たちは主宰者の西野皓三に見るからである。やがて、このニュー・タイプの芸能プロダクションがナベ・プロ的権威を持ち、体制となれあい（すでにその傾向はたぶんにある）、日本の大衆音楽芸能と負の係数でかかわってくる時点で、私たちは未発表のデーターを活用しようと思う。

西野皓三――四十二歳、独身、大阪市浪速区桜川二丁目千九十七番地で生れた。一九五一年秋、ニューヨーク・メトロポリタン・バレー団に留学、五四年〝西野バレエ団〟創立、旗上げ公演「ジゼル」、バレリーナ金井克子を育て、五八年東京で「白鳥の湖」上演、同年十一月、大阪よみうりTV開局記念番組でマス・コミに登場する。

「私は、〝芸術〟を創りたい。ほんもののミュージカルをやりたい。そのためには、まずスターを育てなくてはならない。金井さん（彼は金井克子を呼ぶときにかならず〝さん〟をつける）をテレビ・スターにしたのはそのためです。理想のバレリーナはアリシア・アロンソ（キューバ国立バレエ団のプリマ）ですな。もし私の手で一人のアリシアを生むことができれば、〝教師〟としての本望です。金もうけは私の目的ではなく、芸術創造の手段だと、理解していただきたいと思います」

西野皓三をインタビューして、私たちは、したたかな大阪人のど根性を感じた。すくなくとも、彼は陽性であった。破廉恥な芸能プロダクション稼業にのめりこんではいるが、陰湿な権謀術策のかげりはない。金もうけは日的ではなく、〝手段〟だという彼のことばを、私たちは額面どうりに受けとってもよいのではないか。もし〝ハイ・ノーズ〟結成の時点で、今日の西野バレエ団があり、その一翼をになっていたなら、日本の大衆音楽芸能界の地図は、現状とはかなり異った区分けになっていただろう。その可能性は、西野皓三が、ミュージカルス（バーレスクというべきかも知れないが）への志を失わぬかぎり将来にも残されている。

ナベ・プロに対抗する新興勢力として、西野バレエ団が今後どれほどの力を持ち得るかは未知数だが、私たちは期待をかけよう。

ロックフェラーは「資本家に勝つためには資本家になることだ」といった。西野皓三の理論は、それに似ている。

テレビ・週刊誌のマス・コミ時代に、スポンサーもつかぬクラシック・バレエをやっていたのでは、うだつがあがらない。「これからのバレエは大衆路線でなければダメ」であるからして、ミュージカルに狙いをつけた。日本の大衆音楽芸能が退廃している。堕落していると、「いくら力んでみてもカケ声だけではどうにもならぬから」、テレビに躍りこんだ。芸能界を支配するためには、一にも二にもスターをつくることだ。金井克子と、レ・ガールズ（由美かおる、原田糸子、奈美悦子、江美早苗）、その予備軍〝大阪バレエ学院〟の生徒千名、「美人であること、コケットリイであること、芸は後から身についてくる……」

「スターを製造する、同時に力をたくわえ金もたくわえる。そして、ある時期〝自主公演〟をやるつもり。そのときこそ、西野バレエ団の正念場ですよ。まあ、見ていて下さい」。明快である。彼を知る者は口をそろえて話術のたくみさをいう。西野皓三はおしゃべりで、キザな台詞をならべ立てるが説得力があるという。無口で何を考えているのかわからない渡辺晋とは、まさに対照的である。「ナベ・プロですか？　やはり抵抗を感じますね。いってれば、あそこはガス状の星雲のようなもので、大きくても密度は薄い、したがって輝きもにぶい。しかし、ともかく巨大な存在ではありますね。大きいことはイイことだとは思いませんが、圧迫感をうけることは確かですな。こわいですよ、やはり」

ナベ・プロを〝ガス状星雲〟とは、いい得て妙である。なるほど、西野バレエ団の場合、渡辺プロダクションをとりまく夜と霧のような暗黒はない。後援者の今東光を通じて、大阪文化協会――ANTA（ナボコフ）の線をたどることもできれば、金井克子との週刊誌に報道されたスキャンダルもある。「西野の踊るところを見たものはだれもいない」（江口乙矢）、「いま彼のやっていることが通用するのは、芸能界がいいかげんだからだ」（中畑艸人）という辛ラツな批判も多い。私たちも、けっして、西野バレエ団のありかたをそのまま肯定するものではない。だが、晋・美佐妻がナベ・プロを築きあげる過程の中で、ほとんど〝犯罪〟と呼んでもさしつかえのないマキャベリズムを押し通してきたのにくらべれば、西野皓三のロマンチシズムには、それが大阪人のしたたかな商魂に裏打ちはされていても〝芸能プロ〟改革の志をくみとることができるのだ。

むろん西野も、タレントの収奪と酷使はすさまじい。たとえば、看板スターである金井克子のスケジュール（六七年九月十一日から十六日まで）は、十一日／午前五時博多公園より帰京、仮眠・朝食、正午から七時までＮＨＫ〝歌のグランド・ショー〟振りつけ、休憩、夕食、午後九時から十二時までＮＴＶ〝レ・ガールズ〟ダビング。十二日／六時起床、午前七時から九時までＴＢＳ〝おはようにっぽん〟ＶＴＲ、午前十時から正午までＦＴＶ〝ミュージック・フェア〟ダビング、午後一時から八時まで〝グランド・ショー〟稽古（この間に不規則な食事二回）、午後九時半から午前三時まで〝レ・ガールズ〟振りつけ。十三日／正午から午後九時〝グランド・ショー〟のカメラ入、九時半から午前三時までＮＴＶ生田スタジオで〝レ・ガールズ〟のリハーサル、帰宅午前四時すぎ。十四日／午前九時から午後四時〝レ・ガールズ〟のカメラ入、本番。十五日／午前八時上野発で福島地方公演の〝金井克子ショー〟へ。十六日／午前四時帰京、午前十時から〝ミュージック・フェア〟本番……。

平均睡眠時間は五時間たらず、殺人的としかいいようのないおそるべき日程ではある。だが、これですら、ナベ・プロよりましなのである。というのは、西野バレエ団の場合、そのユニット番組である〝レ・ガールズ〟のために、三日間の練習本番をとっている。ナベ・プロならば、そういう〝非能率的〟なスケジュールは決して組まない。リハーサルには半日もあればＯＫ。たいていは「ぶっつけ本番」で、セリフも歌もろくにおぼえていないタレントを送りこむ。大きな紙にマジックインキで書きなぐった歌詞、セリフを横目でみながら、唱い、しゃべりナベ・タレは次の番組にすっとんでいってしまう。それに比べればという、消極的な意味で、西野の〝良心〟を私たちはいちおう評価する。

しかし、いったいこうしたハード・スケジュールの中で、タレントの個性や技術が練磨されていくものだろうか？　むしろ、消耗し磨滅し、土偶人形のように主体性を喪失していくのみではないのか？回答は〝レ・ガールズ〟の視聴率の低下をみれば、おのずから明らかである。美人であっても、コケットリイであっても、芸がともなわなくては、きれい事では客は呼べないのである。ミュージカル・コメディの酒落たタッチで出発したこの番組が、だんだんおかしくなり、低級なエロチシズムや紋切り型の悪ふざけ、つまり、ナベ・プロ番組と少しも変らぬ退廃におちこんでいったのは、けっきょくタレント芸の魅力がないからなのだ。原田糸子にしても、奈美悦子、江美早苗にしても、しょせん素人の域を出ない〝お嬢さん芸〟であった。

いうならば未完成の商品を、特急に売りに出さなくてはならないところに、西野の苦しい台所の事情がある。

西野バレエ団の財政は、生徒千名をようする〝大阪バレエ学院〟の経営によって、支えられている。はっきりいえば、自分の娘を金井克子、由美かおるのようなスターにしたいという親たちの虚栄心、あるいは投機心が西野皓三の〝財源〟なのである。芸術というオブラートでつつんだ「バレエ団」のイメージは、中流・上流の観たちに説得力を持つ。しかも、目の前にテレビの花形であるレガールズの実例がある。親たちとしては、少々の〝投資〟をおしまぬ心境になる。西野バレエ団は〝稽古事〟と実利とを、テレビというマス・メディアを媒体にして、組織的にむすびつけることに成功した。関西の〝芸能プロ〟の中には、親や後援者にメニューを示して、Aコース五百万円、Bコース三百万円、Cコースは百五十万円で、「スター製造」の手数料を請求するものがある。〝芸能プロ〟がタレントの親を食った実例は、枚挙にいとまがない。世の中に、息子や娘が芸能人となりスターとなることを、無上の栄光と考える観たちがあとをたたぬかぎり、芸能ブローカー、マネージャーは甘い汁を吸うことができる。西野の場合は〝学校経営〟という上品な看板をかけて、その収奪システムを採用したにすぎないともいえる。

そうした経営上の理由から、西野バレエ団としては、つぎつぎに新らしいスターをブラウン管に送りこみ、強引に売りまくらなくてはならない。かくて、演技の基礎も満足でないタレントばかりが増え、マス・コミに乗れば、乗るほど、ミュージカルの夢は遠のくという、皮肉な自己矛盾に西野バレエ団は陥没していくのである。とどのつまりは、ナベ・プロと五十歩百歩でしかない。そのことに、西野皓三は気がついているだろうか?

この三日、げんざい学校法人ですらない西野バレエ団は、あらたに〝西野企画〟という株式会社を設立し、渋谷の生産性本部ビル前に、総工費一億二千万円、地上六階地下二階のバレエ・センターを建設しようとしている。銀行融資六千万円、自己資金六千万円、地代八千万円は分割払い。芸能プロダクション西野企画をはじめ、バレエ学校、音楽出版、番組自主製作を包括した多角経営に、ビル完成と同時にふみきろうという計画だ。名実ともに、ナベ・プロに対抗する大勢力にのし上ろうというのが西野の青写真である。文字通り〝のるかそるか〟の賭けに、西野皓三が勝つか負けるか、それは私たちの予断の及ばぬところである。だが、もし西野が、この大勝負に挫折すれば、ナベ・プロの独占はより強固となり、王国はとうぶん安泰だろう。その逆に、西野バレエ団が、〝芸能プロ〟として発展し、レ・ガールズ以外のタレントまで傘下に集め、マス・コミ関係のブレーンをがっちりと掌握した場合には、ナベ、プロ永久政権に大きな危機がおとずれることはまちがいない。

私たちは、西野バレエ団という、芸能界変革の可能性を有する惑星の〝軌道〟を、それが第二のナベ・プロとなる危険を監視しながら、見まもろうと思う。

繁栄の裏側

——タレント収奪を可能にするもの

芸能プロダクションと労働法

さてナベ・プロに戻ろう。タレントはどのように管理され、収奪されているか？　その法的根拠は何か？　私たちはぼう大な資料を点検し、〝芸能プロ〟と労働法、税法等との関連について整理した。これをある法律事務所に依頼して判定を求めた。専門的な法理論はさておき、その判定の結果は、私たちに、ナベ・プロの業務内容は明らかに違法である、という強い確信を抱かせた。

ナベ・プロの専属タレントは〝月給制〟であると、俗にいわれる。正確には、月給ではなく〝月保証制〟だが、端的にいうとギャランティの中間搾取であり、このシステムが、渡辺プロダクション繁栄の基礎になっている。たとえば……、映画・テレビで大いにかせぎまくっている（と誰の目にもうつる）植木等が、国税局発表の長者番付（多額納税者）ベスト二十に顔を出さない意味を、どう解釈すればよいのか？　とうぜん、植木の収入についてはナベ・プロの内部で、なんらかの操作、処理が行われているにちがいない。植木等というスターによってナベ・プロが取得する、映画会社・テレビ局からの水揚げと、植木自身の収入〝月給〟とのあいだに大きな落差があるとすれば、プロダクションがタレントを収奪しているという証明が成立する。その逆であれば、植木もしくはナベ・プロは税務署に虚偽の所得を申告しているのである。

まわりくどいロジックはやめよう。昨年度所得の申告で、ナベ・プロは国税庁から脱税の疑惑を持たれ、摘発寸前という状況に追いこまれた。また、植木当人がそうした搾取に抵抗して、何度かナベ・プロを脱退しようとした事実があるのだ。ごく最近もトラブルがあり、ナベ・プロが植木にたてかえた、世田谷桜上水宅地七四・〇九坪、居宅二階建三二・六六坪の建築費六百万円を棒引きにして、彼の〝独立〟を思いとどまらせたといわれる。〝月保証制〟はナベ・プロにとって、その暴利の源であると同時にアキレス腱でもある。それが、違法行為であることを立証し、禁止することができれば、ナベ・プロの経営はたちどころに破産する。

職業安定法（以下〝職安法〟）の第三十二条第一項には、「何人モ有料ノ職業紹介事業ヲ行ッテハナラナイ」とある。この条項は、労働基準法（以下〝労基法〟）第六条に規定された「中間搾取ノ排除」の趣旨に沿うものである。また同条「法律ニ基イテ許サレル場合」が、職安法三十二条但し書きに照応する。すなわち、「美術、音楽、演芸ソノ他特別ノ技術ヲ必要トスル職業」については、労働大臣の認可をうければ有料の紹介事業を行うことができる。職業紹介事業には三種類あり、無料、有料（実費、営利）にわかれている。その中で営利を目的とする場合は、十パーセントのマージンを限度とする。それ以上は、どんな名目でも、あっせん仲介の報酬を得てはならないとされている。

法を守って経営している芸能プロダクションは、皆無に近いといってもよい。「テン・パーセント・マネージメントで経営が成り立っていくものならお目にかかりたい」（木倉事務所・木倉博恭）。「労基法、職安法は実情にそわない。第六条は死文というべきでしょう」（ポリ・プロ・堀威夫）。芸能プロダクションの経営者たちはそういう。一人のスターをつくりマス・コミに乗せていくためには、相当の経費が必要だから「かけただけのモトはとらねばならない」（木倉博恭）。労基法弟十七条「前借金ソノ他、労働スルコトヲ条件トスル前貸ノ債権ト賃金ヲ相殺シテハナラナイ」という規定など、いわば糞くらえの発言である。だが、ほんとうに法律を守っていたのでは経営が成り立たぬのか？　私たちは、そのへんに疑問をいだく。もし、十パーセント以下のマージンではプロダクション稼業を維持していくことができぬのなら、法規を改正して、妥当な線までパーセンテージをひき上げることを考えればよい。そういう運動を、業界が一致しておこせばよい。日本音楽事業者協会、日本芸能事業者協会等の業者団体があり、前者の会長は中曽根康弘であり、後者は石田博英である。それらの政界有力者を動かして、法の改正を国会に上程することは容易なはずである。だが、私たちはかって、そのような努力がなされたという事実を知らない。

また、法にさだめられた十パーセントのマージンで経営している〝芸能プロ〟も、現実に存在するのだ。私たちは、にんじんくらぶの若槻繁に岸恵子、有馬稲子、久我美子などをマネージメントしていた当時の帳簿を見せてもらった。若槻はそれらの俳優から、十パーセント以上びた一文のマージンも収奪していなかった。前章で述べた太平洋テレビの清水昭のように、テン・パーセント・マネージメントを標榜するプロダクションさえある。さらに皮肉なことに、米軍キャンプ専門にタレントをあっせんしている〝芸能プロ〟の場合は、軍関係とタレントからの強い要求で法定の十パーセントの枠内に手数料を押さえられている。それでも経営はやっていける。とすると、法が間ちがっている、あるいは実情に即さないという芸能プロダクション経営者の主張は、根拠をうしなうのである。

けっきょく、〝芸能プロ〟にとって労基法、職安法は現行のままの形であるほうがよいのだ。なぜなら、これにはいくらでもぬけ穴があり、法の精神を無視した合法的違法行為（？）を、白昼堂々と行うことが可能だからだ。十パーセントのマージンが二十パーセント、または三十パーセントにひきあげられたとしても、ともかく法律の枠でしばられたのでは、甘い汁が吸えなくなる……というのが、〝芸能プロ〟の本音である。ごく素朴に考えて、「仕事以外はねむるだけ」というほど酷使され、何万枚何十万枚ものレコードが売れている人気タレントが、月に数万円の報酬しか得ていないというのは、おかしな話である。とうぜんそこに、ピンハネなどというなまやさしい次第のものではない、恐るべき収奪が行われていることが推測できる。しかも法の諒解においてである。

労働省職業安定局をたずねて、業務指導課の土田量太郎係長の意見を聞いてみた。芸能プロダクションを〝指導〟しているという土田係長の法文解釈は、きわめて興味深いものであった。それは〝芸能プロ〟のタレント収奪のからくりを、あまりにみごとに図式化してみせてくれたので、この係長が脱法違法の実地指導をしているのではないかと疑いを持った（！）ほどであった。

土田係長はいう――「十パーセントの法定手数料を守っていないプロダクションですか？　それはあるでしょう。え、そのほうが多いんですって？　そういうこともいえるでしょうな。つまり、ナベ・プロの場合のように、企画・製作までやっているプロダクションは、職業安定法施行規則の第四条に該当するから、有料職業紹介事業とは異なって、労働省の認可も必要ないし、十パーセントの問題もからんでこないわけです。第四条ですか？　これは、俗にいう請負に関する条項です」

職業安定法施行規則（以下〝職安規則〟）第四条、「労働者ヲ提供シコレヲ他人ニ使用サセル者ハ、タトエソノ契約が請負契約デアッテモ、次ノ各号ノスベテニ該当スル場合ヲノゾキ、法（職安法）第五条第六項ノ規定ニヨル労働者供給ノ事業ヲモノトスル」。ふつうの言いまわしに翻訳すると、〝請負契約〟という形が認められさえすれば、職安法で禁止されている労働者供給事業を行うことができるという意味である。ただし、請負契約には四つの必要条件がある。①作業ノ完成ニツイテノ財政上及ビ法律上ノスベテノ責任ヲ負ウモノデアルコト。②作業ニ従事スル労働者ヲ指揮監督スルモノデアルコト。③作業ニ従事スル労働者ニ対シテ使用者トシテ法ニ規定サレタスベテノ義務ヲ負ウモノデアルコト。④自ラ提供スル機械・設備・器材モシクハソノ作業ニ必要ナ材料・資材ヲ使用シ、マタハ企画モシクハ専門的経験ヲ必要トスル作業ヲオコナウモノデ、単ニ肉体的ナ労働力ヲ提供スルモノデナイコト……とある。以上の要件をみたすことで〝芸能プロ〟は土木工事の請負とまったく同じ性格の業務を行うことができる。「つまり、出演タレント、台本、音楽、衣裳、大道具、小道具等、番組製作に必要な一切をプロデュースして、テレビ局、映画会社などに売るわけです。この場合には、十パーセントうんぬんは全然関係なくなってしまのですな。なぜなら、労基法の第二条第一項に〝労働条件ハ労働者ト使用者が対等ノ立場ニオイテ決定スベキモノ〟とあるように請負契約の現場でどんな条件で労使間に契約が結ばれようと、四つの条件さえととのっていれば、監督官庁が文句をつける筋合い

「……はまったくありません。たとえ、月に百万円かせぐ実績を持つタレントが一万円で出演する契約をしても、それが労働者（タレント）と使用者（プロダクション）が対等の立場で決定したものならば、ちっともさしつかえないのですよ。おもしろいですな、法律というやつは一面きびしいが、一面できわめて寛大にできているものですな」（土田係長の話）

図に書くと〔表8〕の通り、うまい仕組みになっているものだ。企画・製作というタイトルを冠しさえすれば、法律の保護のもとに、どのように収奪でも可能になるということである。私たちは、ナベ・プロのいわゆる〝ユニット番組〟や、東宝のプロデュース映画に出てくる、製作・渡辺プロ（または渡辺企画）というタイトル文字が、どのような意味を持つか、深刻に考えたことはなかった。土田係長は「法律というやつはおもしろいですな」というが、私たちには、少しも面白くない。これは、いったいどういうことなのかと思う。労働者を保護するたてまえの法の精神が、これほど徹底的にふみにじられている例を、私たちは他に知らない。タレントと〝芸能プロ〟の間に、対等の力関係などというものが絶対にあり得ないことを、私たちはすでに例証した。とすれば、芸能プロダクションによる労務管理は、タコ部屋以下である。タレントは鵜飼いにあやつられる鵜のように、稼いできたギャランティを、ほとんど吐き出させられてしまうのだ。何べんもくりかえしていうことだが、私たちはタレントに支払われる出演料が妥当であるかいなかを論じているのではなく、彼らを拘束支配し暴

［表8］

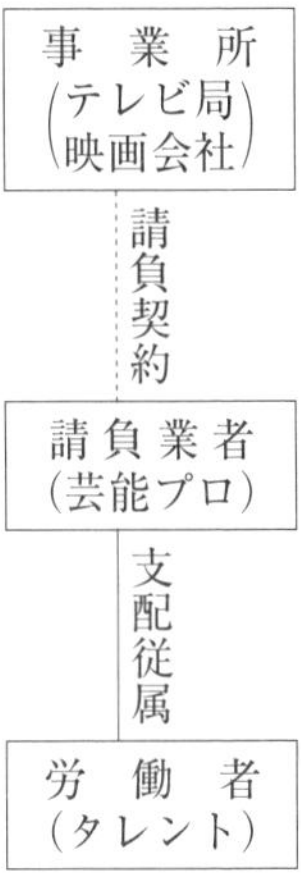

事業所（テレビ局・映画会社）
↓ 請負契約
請負業者（芸能プロ）
↓ 支配従属
労働者（タレント）

利をむさぼる収奪のシステムを問題にしているのだ。こうした盗賊行為に、公然と諒解をあたえている〝法〟とは何だろう？

ところで、この職安規則第四条にさだめられた、四つの要件をナベ・プロはみたしているだろうか。①②は問題ないとしても、③の「法律二規定サレタスベテノ義務」とは、失業、労災、健康の三保険をふくむ〝社会保障〟の義務を指す。ナベ・プロは法にしたがって、すべてのタレント（労働者）に保険をかけなくてはならないはずである。私たちの取材によれば、ナベ・プロが所属のタレントに保険をかけている事実はない。これは、明らかに違法である。だが、ここにも〝ぬけ穴〟がある。土田係長の話し――、「すべてが請負業務ならば、算定は簡単なんですがねえ。ナベ・プロの場合は、職業紹介事業の面もあわせ持つでいるわけです。ＮＨＫ〝歌のグランド、ショー〟などは請負ではなく、タレントの出演あっせんという解釈をとらなくてはなりません。そのへんが複雑なんでして、まあ私たちの希望するところは、紹介事業と請負事業と別々に担当責任者をつくり、帳簿も別にしてもらうことなんですが、なかなかそこまではねえ……」

けっきょく、何をしようが勝手放題なのである。紹介も請負もひっくるめての〝月保証制〟でナベ・プロはタレントにごくわずかな分前をあたえ、ギャラの大部分を略取してしまう。だがもし、監督官庁の側に、そうしたあいまいな労務管理に対するきびしい姿勢があれば、事情は変ってくるはずだ。土田係長との対話から、私たちが得た印象は、監督官庁と〝芸能プロ〟との間には一種のなれあいが成立している、ということであった。

要件④にしても、ナベ・プロのいわゆる〝ユニット制〟なるものの実態、およそでたらめである。〔**表9**〕をみていただきたい。これは、昨年の大晦日放映されたナベ・プロのユニットと称する番組の予算表――、NTVの〝社外秘〟資料である。土田係長の説明によれば、台本、音楽、衣裳、そのほか番組製作に必要な一切をプロデュースすることで請負業務が成り立つはずである。ところが、表にみるように、実際に企画製作にたずさわり、器材設備・構成演出・編集編曲・べんとう代・交通費から、音楽著作権使用料まで計上支出しているのは、NTVであって、しかも、ナベ・プロ以外のタレントは個々にギャラが支払われている。いったい、何が請負であり、ユニットなのか？　けっきょくナベ・タレ（クレージー・キャッツ他）の出演料を一まとめにして、ユニットという名目をつけただけのことである。渡辺プロダクションは、「単ニ肉体的ナ労働力ヲ提供スル」ことによって、番組総予算の三分の一を略取している。これは違法ではないのか？　私たちは、さっそくその予算表を持参して、ふたたび労働省におもむいた。土田係長の見解をただしてみると――「この紙だけでは判断できませんな。実体をしらべてみなければ、かるがるしく結論は出せませんな」。以下一問一答。

問／このユニットというのは、いったい何でしょう？　請負ということだと解釈してもさしつかえありませんか？

答／ええ、まあそういうことでしょう。

問／すると、この予算表でみるかぎり、職安規則第四条の要件④をみたしてはいない。ナベ・プロは単にタレントを供給しているだけであって、正しい意味での請負業務を行っていない。違法ではな

［表９］

番組名；**クレージー・キャッツ 1967 年重大ニュース**
放送日；1967 年 12 月 31 日　0.15 ～午後 1 時 11 分
演　出；秋元近史

渡辺プロ（ユニット）	1,150,000	小松政夫	2,500
玉川良一	23,000	〃（ワイド料・時間増）	1,000
〃（ワイド料・時間増）	9,200	池田勝彦	2,500
ニューハード（演奏）	55,000	〃（ワイド料・時間増）	1,000
土居甫（踊り）	4,000	川村美津子	5,000
〃（ワイド料・時間増）	2,400	〃（ワイド料・時間増）	3,000
柳昭子（踊り）	4,000	牧野ユミ	5,000
小宮山淑子（〃）	4,000	〃（ワイド料・時間増）	3,000
湯浅達子（〃）	4,000	小井戸秀宅（振付）	8,000
遠藤栄男（〃）	4,000	小山誠（ミキサー料）	5,000
水口徳男（〃）	4,000	新音楽協会	48,000
荘村強志（〃）	4,000	出演者合計	1,339,200

フィルム	24,000	北進社	編曲	27,000	森岡	社内演出	180,000
版権購入			写譜・	20,000	賢一郎	費	
費	24,000	河野洋	指揮			社内スタ	586,300
	20,000	前川	社内効	6,000		ジオ	
構	15,000	宏司	果音楽	3,000		追加器材	10,000
成		田村隆	著作権			録音テー	2,160
料	15,000		大道具	302,000		プ	
	15,000	小川	小〃	218,000		TTR	46,000
	5,000	健一		5,000		編集	184,000
交通費	15,000	奥山	効果	174,000		フィルム	
スチール費		侊伸	衣装	34,000		テロップ	28,800
打ち合せ費	40,000		かつら	7,000		チャンネル	
食費	15,000		化粧	5,000		計	1,037,260
雑費	180,000		タイトル	120,000			
新聞PR			経費				
合計	368,000		合計	921,000		合計	3,665,460

いのですか？

答／さあ、確か器材その他は借用してもよいんじゃなかったかな。（と立ち上り六法全書を持ってきて）ああ、こういうことですよ。この④項は意味が二つに分れているんです。〝自ラ提供スル機械、設備……資材ヲ使用シ〟で、一度文章が切れて、〝マタハ企画モシクハ……〟と後段になるのです。だから、どちらかの要件をみたせばよい。ナベ・プロは後のほうにあてはまるでしょう、タレントは〝専門的経験ヲ必要トスル作業ヲ行ウ〟わけですからね。

問／いいかげんなことをいわないでもらいたい。私はタレントが専門的な経験を持っているかどうかなどときいているのではない。芸能プロダクションが、法で定められた請負契約の要件をみたしているか否か、担当監督官であるあなたに判断していただきたいのです。

答／それは、実態を調査してみなければ何ともいえませんな。これ（予算表）は紙きれですから。もしかすると、ここに書いてあることは嘘かも知れない。極言すればですな、あなたが創作したのかも知れない。だから、私は責任ある回答をいたしません。

問／責任をもてなどといっているのではありません。では、もしこれが創作したものだとしてですね、仮にこういう請負契約がなされた場合には、あなたは合法だと思いますか、それとも違法だと思いますか？

答／お答えしたくありません。よく検討してみましょう……。

税法上のからくり

前節で、私たちはもっぱら「タレントは労働者である」という観点から、労働法との関連を検討してみた。労基法第六条、職安法第三十二条が〝死文〟となっている現実を、もうひとつの側面から例証しよう。

所得税法第二百四条第一項第五号、及び第二百六条第一項によれば、「人的役務提供ニ関スル報酬マタハ料金ノ支払ヲスルモノ」（芸能プロダクション）に所属するタレントは、出演料そのものに税金がかけられることはない。〝芸能プロ〟が支払う金額に応じて、所得税を納めればよいのである。その差額は、プロダクションが一括して法人税（事業税）として納付するシステムになっている。つまり、取税に関する法規は、頭からテン・パーセント・マネージメントなどあり得ないという観点に立脚しているのだ。端的にいうなら、国税庁（芸能プロの課税は国税庁あつかい）としては税金が入りさえすればいいので、労基法「中間搾取ノ排除」などには一切無関心、「とれるところからとる」だけのことなのである。私たちは大蔵省所得税課、全国税調査部をたずねて、労働関係諸法規と所得税法との矛盾について、官側、労組双方の意見をきいてみた。

「まあ、何ですな。〝芸能プロ〟に所属しておるところのタレントは、私ども従業員とみとめております。従業員が給与によって労働し、会社が利潤をもうけておるのですから、事業税として会社に課税すればよいわけですな。十パーセント？　さあそれはどうなっておるのか、私どもには関係ないことです。〝芸能プロ〟に所属しておらぬタレントの場合は、個人事業者としてあつかいます。同一職種でありながら、片方が従業員（労働者）で片方が事業主という矛盾はあります。だが、それは徴税の便法としてのリーソナブル（妥当）な措置なので、私どもの立場からいうと労働者であろうが事業主であろうが、税金が確実にとれさえすれば構わないわけです」

これは余談になるが、私たちの応対に出てきた大蔵省所得税課の係官は、名刺もくれなければ、役職もノー・コメントであった。官庁関係の取材をすすめていく間に、私たちは同じような体験をしばしばくりかえした。「私は名刺を持たないのです。一枚二円五十銭する。安いサラリーじゃ大変ですからね」（労働基準監督署の人）、「名前なんかどうでもいいでしょう。これは役所の見解として話しているのだから、コメント大蔵省とでもしておいて下さい」（所得税課の人）名前を明らかとしないことは、明確な意見をいわないことと関連しているようである。とりわけ税金に関して、卒直な見解をもとめることは徒労であるように思えた。

全国税古山調査部長の話――「芸能人という存在は、どこでどれだけ仕事をしているのか、個々にはつかみにくい。税金をとりたてる場合も、個々にひどく困難であるし、ユニオン（職能組合）もないので組織的納税も期待できない。ようするに、徴税が面倒くさいので、確実にとれるプロダクション――会社に事業税をかけるわけです。要は税金がとれればよいので、タレントが給料制であろうと、収奪されていようとかかわりない。そして、労働省と国税庁の間には交流がない。もし共同して査察でもすれば、〝芸能プロ〟の違法行為などたちまち暴露されるでしょうが、おたがい役所のナワ張りは不可侵条約が結ばれていて、そんなことは考えられない。したがって、プロダクション側も国税庁むけと労働省むけと二重帳簿をつくっておいて、適当にごまかしておけばよい。一つの国の二つの法律が、たがいに矛盾しながら併存しているという現実は、日本政治と官僚機構が腐敗していることの証明です」

たしかにそうだ。日本の政治は腐っている。だが、私たちはそれを〝証明〟するだけで、満足してはならない。これは〝芸能プロ〟とタレントの問題ばかりではなく、請負・契約という名のもとに不当な搾取をうけている、私たちの国の中小零細企業・下請工場労働者、実期工、社外工と呼ばれる臨時やといの労務者、そして私たちの仲間がおかれているフリーの雑誌記者という立場等々、つまり日本の疎外されたすべてのはたらく人間に共通するテーマなのである。労働法がなしくずしにされ、はたらくものの権利が奪われていることに注目しよう。私たちはそういう民主主義の破壊、人間が生きる権利の侵害を許してはならない。そして、労働者のための法律を死文にした〝元凶〟は、ユニット制という詐術を考え出したナベ・プロであることを告発しておかねばならない——。

〝芸能プロ〟の脱法は、三段帳簿という、巧妙な手口で行われる。私たちの取材に協力してくれた、ある計理士（匿名希望）によれば——「タレントの養成、マネージメント、あっせんの三段階に分け、帳簿も別にするようにしています。養成は出金だけで、収入の欄は空白にする。マネージメントについては、タレントは個人事業者であり、マネージャーを雇っているという形式にする。そうすれば、百万円かせいだ中の九十万円をマネージャーに払ったとしても、これはどうしようもない、文句のつけようがないのです。なぜかというと、それはタレント自身の自由意志だといってしまえば、それまでのことですから。TV番組・映画などのあっせんは、タレントがプロダクションに依頼した形をとる。法できめられた十パーセントしか、この場合はとらない。だが、かならずパーソナル・マネージメントもする契約にして、そこで利潤をあげるというシステムにもっていく。すべてタレントの意志でそうする。支出は、なるべくチリ銭（交際費、宣伝費、雑費）を多くして、必要経費におとしていく。ざっと、以上のやりかたが基本になるわけです。労働省で調べにきたときには、出演あっせんの帳簿だけをみせて、ハイうちでは十パーセントしかとっていませんといえば、それで済んでしまいます。国税庁もきびしいといえばきびしいが、まあ適当な金額で折りあいをつけてしまいます。十パーセントの手数料だけとっていたのでは、国税庁からむしろ叱られるぐらいのものですよ」

私たちは〝芸能プロ〟の脱法行為のからくりをいちおう解明した。だが真実を声を大にしていったところで、タレントの自覚がなければ、現実は何ひとつ変りはしない。搾取されているという認識のないところに、抵抗はない。いったいタレントの〝社会常識〟がどの程度のものか、ここで一つの実例をあげておく。歌手園まり。二十四歳。ナベ・プロ所属の売れっ子タレントである。

問／映画と歌とどっちが好き？

答／それは、ずっと歌のほうがいいわ。映画は何てったって、歌手のフクギョウ（副業）だもの。

問／あなたの趣味は？

答／いま趣味って、別にないんです。

問／売れっ子でいそがしいでしょう。暇がほしくありませんか？

答／ううん、いそがしいってこと、それだけ人気があるってことだから、かえってヒマになることのほうが、怖いみたいね。

問／学校に行けなかったことを、残念だと思いませんか？

答／ううん、勉強キライだったから。

問／好きな学科はなんだったの？

答／そうね、国語と生物ね。国語は書くことが　苦手だから読みかた専門。生物はカイボウが好きでした。

問／カイボウ？

答／あの、ほら蛙なんかのオナカをメスで切って観察するの、あれ。

問／なるほど、嫌いな学科は？

答／数学ね。数字みていると頭が痛くなってくるの。何かの計算しなくちゃならないお仕事イヤね。

問／ベトナムの戦争、どう思う？

答／戦争はイヤね、でも国は守らなくっちゃね。（彼女は「自衛隊友の会」のメンバー）

問／アメリカと中国、どちらが好き？

答／もち、アメリカよ！

問／選挙の投票したことある？
答／ない。投票所にいってジロジロ見られのイヤだもの。
問／結婚について、どう思いますか？
答／相手がいないのヨウ。恋人ってほしいんですけどネ。つくってるヒマがないのよ。いまいそがしいから、歌うことが恋人なんです。ヤザだなあ。エヘヘ（このあたり渡辺美佐の口調そっくり）。
問／あなたの月給はいくらですか？
答／知らない。（ちょっと黙って）知っていても教えられない。なぜそんなことを聞くの？

（一九六七年九月十九日）

無邪気といってしまえばそれまでだが、どう見ても、十二か三の少女ていどの知能としか思えない。蛙のオナカをメスで裂くのが大好きだという、この二十四歳の小児病的タレントに、中年男ごのみのエロチシズムの〝演技〟をあたえて、リベ・プロは当代の人気スターに仕立てあげた。戦前、靖国神社の境内で小屋掛け興行をしていた因果ものの見せ物をみるようなむざんな印象である。むろん、園まりには、〝芸能プロ〟から搾取されているという意識など、毛頭ないにちがいあるまい。おのれが人にふりかえられる存在であることだけで、彼女は満足しているのだろう。

タレント自身のそうした精神構造が変革されない以上、私たちの告発も、しよせんはゴマメの歯ぎしりにすぎぬのかも知れぬ。関係官庁を取材して歩いて私たちがいだいた感想は、芸能界における労基・職安法違反に対して、担当官はまったく熱意がないということであった。たとえば、年少者の就労について、労基法第五十六条にはこう明記してある。「満十五才ニミタヌ児童ハ労働者トシテ使用シテハナラナイ」。映画・演劇の場合も、修学時間内の就労は学校長及び親権者の同意がなくてはならないのである。序章でくわしく述べた伊東ゆかりのケースなどは、まぎれもない労基法違反に問われねばならぬ性質のものである。

ところが、労働基準監督署の担当官は、私たちが提示した（伊東ゆかりのほかにも数件をしめした）年少労働者使用の実例に対して、まことに冷淡だった。「ボクらが四六時中ついてまわるわけにいかないし、学校も簡単に証明証を出すしね。出席日数しらべたところで、家庭教師つけてるっていわれりゃそれまでだからね（これはあやまりで十五歳未満の児童は登校して学業をうけなければならない）。本人から訴えがあれば別だけど、よろこんでやっているんでしょう。親も夢中だし、こっちばかり苦労したって意味ないですよ。それよりも世間には給料不払いで、明日のメシが食べられない人だっているんだから、そちらのほうが先だな。搾取されているというお話ですが、芸能人なんてものは、ボクらの十倍もゼニをとって、車を乗りまわして、結構なご身分じゃありませんか。なにが労働問題ですか……」

感覚的にいうならば、まさにその通りである。愚かな虚栄と自己満足におぼれて、無自覚な甘い生活の中にいるスター、タレントを、法で保護する必要はさらさらないともいえる。だが、だからといって、違法行為を黙認してよいものだろうか。権利をまもる公務を放棄し、故意にサボタージュしている監督官庁の怠慢に、私たちはある種の危惧をいだく。法の上でも芸能界を特殊部落にしていくことは、やがて日本の社会全体に、その腐敗の病理をひろげる結果を生みはしたいか？　時代の流行を先導し、風俗をつくりだす芸能界が、もっとも前近代的な無権利状態におかれていることの意味を、私たちは真剣に考える必要がありはしないか？

ギャランティの不可思議

タレントのギャランティが、どのような算定方法によるかを明らかにすることは、きわめてむずかしい。たとえば鑑賞団体を例にとっても、「労音」「音協」「民音」では事情がちがう。テレビ、映画、実演、それぞれランクがあり、局と社によって異なり、番組によっても異なり、そのうえ〝芸能プロ〟の政治力で、同一番組の中でさえギャランティの操作ができる仕組みになっている。

さて私たちは、各テレビ局から番組製作の「予算書」を手に入れた。〝社外秘〟であるこれら文書の入手経路については、むろん明らかにすることができない。NTVをのぞく他局から集めた予算書については、ルートを押さえられた関係上、協力者に迷惑がおよぶので公開することができない。NTVの場合は資料提供者が社外の人間であり、竹中が特殊なコネクションで入手したものであるから、公開をはばからない。以下、少々繁雑になるかも知れぬが、〔表10〕から〔表14〕までを対照して記述をすすめる。

まず、〔表10〕〔表11〕をみよう。本年一月一日に放映された、ワイド番組「新春歌の大響宴」ギャ

[表10] ギャランティ①
番組名；**新春歌の大饗宴第一部**
放送日；1968年1月1日　　PM 2：00 → 3：15
担当プロデューサー；池田文雄

美空ひばり	400,000	石本美由起	10,000
橋幸夫	158,000	吉田正	10,000
●ブルー・コメッツ	100,000	●なかにし礼	5,000
ザ・スパイダース	60,000	●平尾昌章	5,000
シャープ&フラップ	190,000	尺八	6,000
コンセルベルターズ	58,500	三味線　豊静	10,000
バスクラリネット	2,000	静子	8,000
三木鮎郎（司会）	80,000		
●オールスターズ・ワゴン	23,000		
●スクール・メイツ	12,000		
		計	1,029,500
工芸費・交通費・中継費・諸費・その他			155,300
音楽費・小道具・大道具			825,300
演出費・スタジオ費・録音録画費			599,700
合計			2,609,800

●はナベ・プロ及びナベ・プロ系のタレント

ランティの算定でとりわけて不可解なのは、一部、二部に出演しているブルー・コメッツの場合である。一部では十万円だったブル・コメのギャラが、二部ではアウト・キャストとこみで二十万円と計上されている。ところが、ほかの番組のアウト・キャストの出演料は二万円でしかない（〔**表12**〕参照）。するとブル・コメは同一番組の中で、前半と後半では倍ちかい差額のギャラを受けとっているのである。やはり一部、二部にダブって出演しているスパイダースは、同じ金額である。ブル・コメがそうした特殊なギャランティを

[表11] ギャランティ②

番組名；**新春歌の大饗宴第二部**
　　　　　グループ・サウンズ・フェスティバル
放送日；1968年1月1日　　PM 3：15 → 4：25
担当プロデューサー；池田文雄

●ブルー・コメッツ	200,000	有沢まり子	3,500
●アウト・キャスト		田川ルリ	3,500
ザ・スパイダース	60,000	相原公子	3,500
ザ・カーナビーツ	12,000	加藤ゆう子	4,000
ヴィレッジ・シンガーズ	12,000	駒田純子	4,000
ザ・ジャガーズ	15,000	岡田史子	4,000
ザ・テンプターズ	2,500	鈴木理恵子	3,000
大橋巨泉（司会）	50,000	木田	3,000
小山ルミ	3,500	安藤京子	3,000
細谷ひろ子	3,500	河合重美	3,000
遠藤玉枝	3,500	計	409,500
文芸費・交通費・中継費・諸費その他			582,500
音楽費・小道具・大道具			464,000
演出費・スタジオ費・録音録画費			476,000
合計			1,932,000

取得すべき理由は、番組構成上からいってまったくあり得ない。それはナベ・プロの政治力による正月番組のお祝儀――出演料の水増しではないか。テレビ局私物化の感覚は、企画製作にノー・タッチの番組にまで及んでいる。これがさらに、いわゆる〝ユニット番組〟になると、ナベ・プロの横車は傍若無人としかいいようがなくなるのである。

毎週月曜日に放映される公開録画番組の「あなた出番です」は、ナベ・プロの企画によるタレント・スカウトで、毎回三人ずつスター志願の若ものを登場させて、唱ったりしゃべったりさせる。「私はタレントになってハデな生活がしたい」とか、「人にさわがれる身分になりたい」などという、およそ愚劣な若ものをダ落させるより能のない番組だが、ナベ・プロは〝企画費〟と称する不労所得を（というのはこの番組の実際の構成演出はNTVがやっているのだから）、一回につき十五万円もとっているのだ。レギュラーの伊東ゆかり、ブルー・ソックス、ドリフターズ、自社のゲスト等を合算すると、この番組一つで三十五万から四十万円の水揚げになる。黛ジュン、永井秀など他の〝芸能プロ〟のタレントが、わずかに三千円、四千円という超低賃金であるのにくらべれば、まさに雲泥、の差の稼ぎといわねばならない。（〈表12〉参照）

だが、企画（もしくは製作協力）の場合は、まだまだ手ぬるい。恐るべき収奪は、「シャボン玉ホリデイ」のようなユニット番組にみられる。渡辺プロのとり分百万円。これは、ザ・ピーナッツほかレギュラーのギャランティである。「参考」にかかげた製作費でわかるように、この番組もやはりNTVの責任において構成されている。前に述べたごとく、ユニットとは労働法規をごまかす詐術の名目にすぎない。ナベ・プロはピーナッツ等の〝ギャラ〟から百万円を取った上にザ・シャンパーズ、フォー・メイツなどの出演料、ゲストの梓みちよ、木の実ナナ、田辺靖雄、おまけに新人の森進一、恵とも子まで、いただくものは、ちゃんといただいてしまう。これで、肥えふとらなかったら不思議である。「土曜日の恋人」またしかり。製作協力費十五万円のほかに谷啓が二十五万円といった調子で高額のギャランティをとる。〝ゲスト〟を組みあわせれば、四十万や五十万円の水揚げはたちどころである。およそ、この世の中にこれほどボロイ金もうけが、またとあるものではない。（〈表16〉参照）

[表 12] ギャランティ③

NTV　あなた出番です　　1967・12月調査

出演者名	ギャランティ	備考
●ブルー・ソックス	63,000	内延長手当 12,000
●ドリフターズ	60,000	
ニューハード	55,000	
スパイダーズ	45,000	
ミュージック・メーカーズ	40,000	
●伊東ゆかり	30,000	
●ワイルド・ワンズ	25,000	
日本合唱協会	20,000	
新音楽協会	20,000	
●アウト・キャスト	20,000	
ジャガーズ	15,000	
カーナビーツ	12,000	
ビレッジシンガーズ	12,000	
ザ・ビーバーズ	12,000	
山田康男	10,000	
西条満	10,000	振付
奥村チヨ	10,000	
伊東きよ子	6,000	
黛ジュン	4,000	
泉順子	3,500	
泉アキ	3,000	
永井秀和	3,000	
水戸浩二	3,000	
下条正光	3,000	ギター・バンジョー
新井英男	3,000	ギター・バンジョー
田島竜一	3,000	ギター・バンジョー
渡辺プロ	150,000	企画費として

[表 13] ギャランティ④

NTV　シャボン玉ホリデイ　　1967・12 月調査

出演者名	ギャランティ	備考
渡辺プロ	1,000,000	ユニット
(ザ・ピーナツ他)		
ニューハード	55,000	演奏（バンド）
新音楽協会	30,000	合唱
ザ・シャンパーズ	24,000	踏り
土居甫		
柳昭子		
湯浅達子		
小宮山淑子		
遠藤光男		
小井戸秀宅	14,000	振付・踊り
フォーメイツ	10,000	
松崎薫	5,000	
川村美津子	5,000	
遠藤玉枝	4,000	
芦田ユキ	4,000	
石山エリ子	4,000	
島ひろみ	4,000	
仲川ルミ	4,000	
松崎雅臣	2,500	
池田勝彦	2,500	
小山誠	10,000	ミキサー立ち合い
宮川恭	5,000	ゲスト演奏
(ゲスト)		
梓みちよ	35,000	
獅子てんや	25,000	
瀬戸わんや		
玉川良一	23,000	

立川談志	20,000	
海老一染之助 染太郎	17,000	
田辺靖雄	15,000	
三遊亭円楽	13,000	
木の実ナナ	12,000	
宮地晴子	10,000	
オリオスカイライン	10,000	
●恵とも子	8,000	
●森進一	7,000	
※参考		
河野洋	18,000	構成
前川宏司	16,000	構成
田村隆	10,000	構成
北進社	12,000	台本印刷費
宮川泰	35,000	編曲
写譜	20,000	
スタジオ・レンタル	70,000	東京スタジオセンター
楽器	10,000	
効果	10,000	
音楽著作権	7,000	
社内演出料	90,000	秋元近史
〃 スタジオ	291,200	
追加器材	10,000	クレーン使用
稽古費	3,500	

[表 14] ギャランティ⑤

NTV　土曜日の恋人　　1967・12 月調査

出演者名	ギャランティ	備考
● 谷啓	250,000	
サム・テーラー	222,222	手取り 200,000
フランキー堺	220,000	
宍戸錠	180,000	内事務処理費（？）30,000
トッピングドールズ	70,000…	…内レギュラー手当 10,000 事務処理費 10,000
● 園まり	55,000	
ニューハード	55,000	
長門勇	50,000	
● 青島幸男	45,000	内レギュラー手当 15,000
杉浦直樹	45,000	
中野ブラザーズ	30,000	〃 10,000
● 伊東ゆかり	30,000	
● 中尾ミエ	30,000	
● リリオ・リズム・エマーズ	28,000	

私たちは、ナベ・プロの横暴をここまで増長させてしまった、各テレビ局番組担当者を共犯者として告発する。視聴率というバケモノにふりまわされるテレビ局はナベ・プロの白昼公然たる掠奪行為に目をつぶっている。いやむしろ、それを助成し権益化して、芸能界の魔王のきげんをとることに終始している。持っていき放題にギャラをむしられて、どこに主体性があるのか！テレビ局は、みずから育成した怪物――フランケンシュタイン・ナベ・プロにあべこべに支配されている。ナベ・プロ所属のスター・タレントのスケジュール

黒沢年男	26,000	内事務処理費 6,000
オール・スターズ・ワゴン	25,000	
ダンサーズ	21,000	女性６人
克己しげる	20,000	
原田実とワゴン・エース	20,000	
立川談志	20,000	
●布施明	17,000	
●田辺靖雄	15,000	
B & B_7	15,000	
黒沢明とロスプリモス	15,000	
三遊亭円楽	13,000	
荒木一郎	12,000	
中野章三	10,000	振付
●伊東きよ子	6,000	
糸博	5,500	
福本勇	5,000	
小山誠	5,000	ミキサー
渡辺プロ	150,000	製作協力費として

にあわせて、番組を編成している最低の状況なのである。

ＮＴＶばかりではなく、他のテレビ局においても、ナベ・プロの横暴は目にあまるものがある。とくにＦＴＶの場合、会長水野成夫が〝アポロン音工〟の重役に就任していることからもうかがえるように、上層部とのコネは密接である。ＮＨＫめ場合も、佐藤栄作首相の縁戚に当る某プロデューサーを通じて、ナベ・プロは「政治的に」最高首脳部と結びついている。

テレビ局と〝芸能プロ〟の関係は、たとえば、建設会社と、請負の土建業者との関係に似ている。ダム工事、道路建設等の飯場で、労務者を管理し支配しているのは、いわゆる〝人いれ稼業〟の土建業者である。個々の労務者と建設会社との間には、労働契約はない。したがってどのような収奪が行われ、違法行為があっても、また事故、争議がおこっても、建設会社は、その紛争の責任をおうことはないのである。裏返していうなら、大企業としては直接手を下すことのできぬ脱法・違法の収奪を、請負契約というシステムによって果すことができる。つまり、エージェント政策である。〝芸能プロ〟の前近代的なタレント管理を百も承知で、局側は口をぬぐっている。ようするに、もうかりさえすればよいのだ。このんで泥沼に足を突っこむことはない。ナベ・プロにまかせておけば、タレントは集まり、番組のかっこうはつく。トラブルばかりおこす芸能人の管理などごめんこうむって、エージェントに肩がわりしておけばよいのである。

その〝手数料〟としてユニット、企画・製作協力費の名目での中間搾取をみとめているのが実情だろう。だが、首脳部のそうした思惑とはうらはらに、各局の現場ではナベ・プロに対する不満と憎悪が爆発点に達しようとしている。とくに一九六七年暮、かけもちで稼ぎまくるナベ・タレは、局から局への〝移動〟にわずか五分という日程を立てて、タレントをフルに回転した。スタジオでは、ディレクターをはじめスタッフ、共演者がナベ・タレ到着待ちで、いらいらしながらスタン・バイするという情景が続出した。しかもその狂躁の中でナベ・プロのかけひきが行われ、TBS、NTV、フジTVの三局が手玉にとられた。

六七年のポピューラー音楽界に吹き荒れたグループ・サウンズ旋風に、ナベ・プロはさっそく便乗して、ザ・タイガースを売り出した。御用芸能ジャーナリズムを総動員して、この音楽的にまったく低次元の即製バンドを、少年少女のアイドルに仕立あげ、大衆狂乱をフレーム・アップして、グループ・サウンズ時代の主導権をにぎった。とうぜんテレビ局としては、年末年始の番組に人気絶頂のタイガース、ブルー・コメッツなどを起用する企画を立てた。ナベ・プロはNTVに所属グループ・サウンズの出演をOKしておきながら、まったく同じ形式の番組を〝企画して〟フジTVに売りこみ、その話がきまると、NTVにキャンセルを申し入れた。製作の責任者である江守哲郎は、ナベ・プロに強硬に抗議したが、「フジTVと同額のユニット料を支払うなら」という条件を、渡辺晋は断乎としてゆずらず、けっきょくNTV側がナベ・プロに歩みよって紛争は解決した。TBSの場合もまったく同じケースである。フジTV百二十万円、TBS百万円のユニット料が支払われている。江守哲郎によれば、「オレのところはビタ一文だってナベ・プロに払っちゃいないよ」という。私たちは額面通りにうけとることができない。なるほど江守担当の番組では、そうした裏取引きが行われなかったかも知れない。だが冒頭にかかげた、「新春歌の大饗宴」のブルー・コメッツのギャランティの謎、そのへんから解けてくる。

　江守哲郎の話――、「はっきりいって、オレはナベ・プロに対して批判的な意見を持っているよ。いまのナベ・プロの方向なんざ、ナンセンスもいいところだよ。タイガースなんてのは、ありゃどうしようもないねえ。猿芝居のサルだ。サルじゃなくってトラだな。たとえ会社のゼニでも、オレはナベ・プロなんぞによけいい金を出すのはいやだよ。親父（元日活専務江守清樹郎）の代から清貧だからな。臭いゼニは出す習慣ももらう習慣もないよ。だからナベ・プロとの腐れ縁なんぞございません」といったぐあいに、ナベ・プロをまっこうから批判する。彼のようなプロデューサーやディレクターが、六七年春のグループ・サウンズ事件から表面に出てきた。

NETプロデューサー牛山剛の話――、「渡辺プロダクションですか、功少く罪ばかりといえます。しいていえば、一億総白痴化の功労者でしょう。ナベ・プロは低俗番組を乱造してきた。これからも乱造していくでしょう。音楽文化には、ハナクソほども貢献していません。私の番組（「題名のない音楽会」）では、ナベ・プロにとってあまり有難くない実験をこころみている。たとえば、グループ・サウンズですが、新しいリズムだなんていうのは嘘っパチだということを証明します。あれは古いリズムの焼き直しだと、私は深く疑っているので、一つ子供の合唱隊に〝ブルー・シャトウ〟（六七年度レコード大賞受賞曲、ブルー・コメッツ）を唱わせてみようと思っております。つまり、小学唱歌の焼き直しですな。逆にグループ・サウンズの連中に〝月の砂漠〟をやらせてみたら、いっそうハッキリするわけです。ポップスの装いをはぐと、意外や艶歌調でありコジキ節である古めかしき日本の音律がとびだしてくる。

「ナベ・プロのタレントは、個人の力量を問われたら、美空ひばりのカカトの垢にも及びますまい。植木等にしたって、ザ・ピーナッツにしたって、ナベ・プロをはなれたら存在理由はないし、存在価値もないし、存在すらないんですよ。ラチも芸もないタレントをスターらしきものにでっちあげて法外なギャランティをとっているナベ・プロと、それを許しているわれわれ製作側の主体性のなさとは、同列に批判されねばならないでしょう。いったいどうして、テレビ局の現場がナベ・プロにこれほどふりまわされてしまったのか。それはけっきょく確乎たる編成方針がなくて、番組づくりが営業政策に従属させられているからです。テレビを企業として見た場合、営業部ではスポンサーの利益――つまり視聴率をあげることと、製作費のコストダウンによる経営合理化を第一に考えます。それには、芸能プロダクションと提携して、企画を請負わせるのが早道で安上りであるわけです。とくに粗製乱造のパターンをつくったナベ・プロは、テレビ企業にとって、便利でありがたい存在であるわけです。しかも、スポンサーを納得させる程度の視聴率は確保できるのだから、もっぱらナベ・プロに依存する。主体性はますます失われ、意欲的なこころみなどあり得べくもなくなってしまう。かくて、ナベ・プロの売手市場に、低俗番組がはん乱することになるのです」

ナベ・プロの収奪体制は骨がらみにテレビ各局に侵透して、もはやぬきがたい勢力であると、一般に信じられている。私たちには、そうは思われない。ナベ・プロの横暴に対する各局現場の憤懣は、ようやく忍耐のリミットをこえようとしている。その怒りが組織され、牛山プロデューサーのような勇気ある発言が、スタジオの隅々から公然と湧きあがったとき、ナベ・プロの支配は大きくゆらぎ、変革の可能性がそこから生れてくるだろう。私たちはそれを確信し、確信するがゆえにこのレポートを世に問うのである。

さて、テレビ局との関連のみではなく、レコード会社、鑑賞団体、実演興行などのギャランティについても触れなければならないが、紙数がつきてしまう。〔**表15**〕をかかげよう。これは、政府・自

［表 15］ 全国文化団体連盟

標準ギャランティーらん表

※　A・20 万円以下　B・20 ～ 40 万円　C・40 ～ 60 万円　D・60 万円以上

（ポピュラー歌手）		水谷良重	C
江利チエミ	D	南かほる	A
雪村いずみ	C	仲宗根三樹	B
ペギー・葉山	C	佐良直美	B
西田佐知子	C	森山良子	A
森山加代子	B	荒木一郎	B
九重佑三子	B	アイ・ジョージ	C
倍賞千恵子	C	旗昭夫	B
朝丘雪路	C	武井義明	B
吉永小百合	D	ジェリー・藤尾	B
●中尾ミエ	C	坂本九	D
●園まり	D	藤木孝	B
●伊東ゆかり	C	●田辺靖雄	B
●梓みちよ	C	●鹿内タカシ	B
●松尾和子	B	高橋元太郎	A
金井克子	B	●中島潤	B
越路吹雪	C	マイク真木	B
ミッチー・サハラ	A	●布施明	C
ロミ・山田	A	●尾藤イサオ	B
田代美代子	A	●内田裕也	A
●奥村チヨ	A	克美しげる	B
エミー・ジャクソン	A	ジュリー伊東	B
ジュディ・オング	B		
黛ジュン	B	（フォーカル・グループ）	
由美かおる	B	●ザ・ピーナッツ	C
山本リンダ	B	キューティ・キュー	A
日野てる子	C	スリー・グレイセス	A
●槇みちる	A	デューク・エイセス	B

ボニー・ジャックス	B
ダーク・ダックス	C
フォー・コインズ	B
●リリオ・リズム・エアーズ	B
●クレージー・キャッツ	D
ザ・シャデラックス	A
マヒナ・スターズ	B
マハロ・エコーズ	B
●ブルーコメッツ	D
スパイダース	D
サベージ	B
ヴィレッジ・シンガーズ	B
●タイガース	D
カーナービーツ	B
バニーズ	B
黒沢明とロスプリモス	B
●ドリフターズ	D
●ワイルドワンズ	C
三島敏夫とそのグループ	A

（ラテン・シャンソン歌手）

石井好子	A
岸洋子	B
ビショップ節子	A
中原美沙緒	A
深緑夏代	A
芦野宏	B
高英男	A

大木康子	A
加藤登紀子	A
高美アリサ	A
菅原洋一	A
宝とも子	A
藤沢嵐子	A
堀内美紀	A

（ジャズ歌手）

弘田三枝子	B
宇治かおる	A
水島早苗	A
マーサ三宅	A
沢たまき	A
沢村美司子	A
森サカエ	A
後藤芳子	A
艾田敏夫	A

（歌謡曲歌手）

美空ひばり	D
島倉千代子	D
都はるみ	D
こまどり姉妹	D
水前寺清子	D
三沢あけみ	C
コロンビア・ローズ	B
畠山みどり	C

青山和子	B
扇ひろ子	C
橋幸夫	D
村田英雄	D
三田明	C
梶光夫	B
山田太郎	C
美樹克彦	C
美川憲一	B
●水原弘	C
丸山明宏	B
坂本スミ子	B
アントニオ古賀	B
西郷輝彦	D
舟木一夫	D
三波春夫	D
三橋三智也	D
バーブ佐竹	C
城卓矢	B
島和彦	C
フランク永井	B

民党のキモ入りでつくられた全国文化団体連盟の〝標準ギャランティ一らん表〟である。ガバーメント・スポンサーの鑑賞団体「音協」のギャランティもこれに準ずる。渡辺プロダクションと「音協」の結びつぎは、坪内専務理事（全文連事務局長）を美佐がマージャンにさそって、個人的な親交を深めたことからはじまったという。ギャランティ最高の〝Dランク〟に、クレージー・キャッツをはじめ、ドリフターズ、タイガーズ、ブルー・コメッツ、園まり等を送りこみ、伊東ゆかり、梓みちよ、中尾ミエ、ザ・ピーナッツ、ワイルド・ワンズ、新人布施明まで〝Cランク〟という優遇ぶりは「音協」の幹部とナベ・プロのあいだに特殊なコネクションがあるという世上の風評を裏書きする。

次に〔**表16**〕をかかげる。これは一九六七年年度「紅白歌合戦」出場決定版、地方興行ギャランティの推定である。ここでもナベ・プロ商法のからくりが明瞭になる。紅白初出場の布施明は、いっきょに二倍のギャラ・アップ。園まり、中尾ミエ、伊東ゆかり、拝みちよの四人娘も、倍額ちかいギャ

[表 16] の 1　'67 年度紅白歌合戦出場歌手の地公興行

●日立てギャランティ（推定）

	白組	出場回数	'67	'67 出場決定日より '68
	アイ・ジョージ	8	?	45 ～ 50 万円
	荒木一郎	初	20	35 ～ 40
	春日八郎	13	?	40
●	加山雄三	2	?	150 ～ 200
	北島三郎	5	?	60 ～ 80
	西郷輝彦	4	?	100
	坂本九	7	120	140
●	ジャッキー吉川とブルー・コメッツ	2	?	100
	菅原洋	初	?	35
	ダーク・ダックス	10	30	30
	橋幸夫	8	90	100
●	ハナ肇とクレージー・キャッツ	2	150	?
	バーブ佐竹	3	?	35
●	布施明	初	30	60
	舟木一夫	5	?	100
	フランク永井	11	25	35
	美樹克彦	初	15	35
●	水原弘	4	?	50
	三田明	4	?	50
	村田英雄	7	?	80
	山田太郎	3	?	60 ～ 80
	和田弘とマヒナ・スターズ	9	35	40
	三波春夫	10	?	120

[表16] の2　'67年度紅白歌合戦出場歌手の地公興行
●日立てギャランティ（推定）

	紅　組	出場回数	'67	'67出場決定日より'68
●	梓みちよ	5	30万円	55万円
●	伊東ゆかり	5	35	60
	江利チエミ	15	120	120～130
	扇ひろ子	初	?	40
	金井克子	2	25～30	40
	岸洋子	4	?	30
	越路吹雪	13	?	50
	こまどり姉妹	7	?	70
	佐良直美	初	15	30
●	ザ・ピーナッツ	9	60	70
	島倉千代子	11	45	60
	水前寺清子	3	?	70
●	園まり	5	45	70
●	中尾ミエ	6	35	60
	仲宗根美樹	5	30	30
	西田佐知子	7	40	50
	日野てる子	3	40	40
	弘田三枝子	5	?	?
	黛ジュン	初	?	35
	三沢あけみ	4	?	45
	都はるみ	3	70	70
	山本リンダ	初	?	30
	美空ひばり	12	?	120～200

ランティのつりあげに成功している。都はるみ、日野てる子、仲宗根美樹などが、ナベ・タレと同じ条件でありながら、現状維持であるごとと比較すれば、いかにナベ・プロの売りこみが強引であるかということがわかる。「紅白に出場すればギャラがはねあがる……」という俗説を、ナベ・プロは意識的に利用して、水揚げを増やしていく。

ナベ・プロは〔表15〕の「音協」ギャラ基準率を「労音」にも要求して、手きびしくはねつけられている。そのほか、興行実演、レコード印税などにからむさまざまなスキャンダルを、私たちは取材することができたが、先を急がねばならない。あるレコード・ディレクターの談話を参考までにかかげて、次の局面にうつることにしよう。

「私たちの会社、つまりKレコードを、業界ではナベ・プロ出張所と呼ぶくらいです。私は、渡辺プロダクション所属のある女性歌手を担当していました。私はまだ会社に籍のある身ですから、名前は伏せてください。その歌手は有望な素質を持っていて、もう一曲ヒットすれば、一挙に売り出せる線までいっていました。そこで、私も全力をあげてとりくんだわけで、作詩、作曲家とも入念にディスカッションをして、これだ！　という曲ができあがり、本人もすごく張りきってレコーディングをすませました。ところがそこへ渡辺美佐から電話がかかってきたのです。このレコードはナベ・プロ製作にしてくれ、という話です。とんでもないと、私は断わりました。自分が心をこめてつくりだしたものを、理不尽に持っていかれてたまるかと思いました。私にだってプライドはある。それに、会社に義理立てするつもりはないが、自分が給料もらっているKレコードの製作ということにしたいのは当然でしょう」

「だが十日ほどすると、上層部から指示がおりて、けっきょくレコードはナベ・プロ製作ということになり、ラベルにも渡辺プロダクションのマークが入りました。あとから聞くと、渡辺晋とうちの社長がゴルフに行って、そのとき話がついたのだということでした。レコードが発売され、ヒットすると、またぞろ美佐から電話があって、〝ね、逆らわないほうが身のためよ〟といわれました。私は、よっぽど辞表をたたきつけて週刊誌に手記でも発表してやろうかと思いましたが、女房子供もいることですし、けっきょく泣き寝入りをしてしまったのです」

組織暴力との同盟

大阪府警柳川組集中取締り本部は、三月二十一日午後、東京港区西麻布二丁目「木倉芸能プロダクション」社長木倉博恭(49)を職安法四四条違反(無許可労働供給事業)の疑いで逮捕した。調べによると木倉プロは労働大臣の許可をもたないモグリ営業、木倉は四十一年七月から昨年十一月までに十数人のタレントを、大阪市北区神明町の柳川組系芸能プロダクション「梅新企画」社長金翼(逮捕済み)を通じて大阪のアルサロなど数店にあっせん、出演料の一部をピンハネしていた疑い。同本部の調べでは木倉は柳川組の康東華組長と古い友人で、木倉プロダクションは雪村いづみ、青江三奈らの有名タレントをふくむ約四十人をかかえ、東京でも大手に数えられるプロダクションで、金翼に力を貸していた疑いもあるという。

(四十三年三月二十二日付、朝日新聞夕刊)

逮捕される二日前の三月十九日夜、赤坂のレストラン「P」で、私たちは木倉と三時間あまり対談した。別れぎわに、「これ以上〝脱法行為〟をつづけていると軒なみに〝芸能プロ〟は摘発されるよ」というと、木倉は妙にしょんぼりした顔で、「かも知れませんねえ」とうなずいた。

つまり、そのときすでに、木倉は警視庁四課から参考人として事情聴取をうけていたのである。その翌々日、「三島労音」リサイタルに出演する雪村いづみを、竹中が東海道線第二なにわ号の車中でインタビューした。「あなたは、自分のギャランティがいくらか知っている？」と、いづみにきくと、彼女は当然といった表情で「知らないわ」とこたえた。芸能界とかかわりをもって十年間、竹中は数えきれないほどのタレントを取材したが、ギャランティについて正確にこたえられる俳優にも歌手にもほとんど会ったことがない。それが日本の芸能界の実態である。

私たちはすでに、〝芸能プロ〟の脱法、違法のからくりを明らかにした。木倉が逮捕されたのは、つまり前述の規定のほとんどすべてにふれたのである。新聞の報道はいささか不正確であって、ただしく言うならば職安法の四四条及び三二条但し書き、労基法十七条「前借ノ禁止」の各条項に違反し、また、職安法施行規則の四条を悪用した疑いによる。木倉は、職安法施行規則四条の〝法のヌケアナ〟を、キャバレーにタレントをあっせんするさいに利用しようとした。ニュー・ラテン・クォーター（赤坂）をはじめ、リド（博多）、蘇州（仙台）などのキャバレーと特約をむすんで、〝ユニット〟で芸人を売りこんだ、ということは、つまり木倉プロダクションが企画・製作したショウを、それらのキャバレーが買いとる形式にしたのである。大阪の場合には、さらに、そのエージェント（下請け）を、柳川組系の「梅新企画」がひきうけるという仕組みだった。

職安法四四条、四五条によれば、労働者の供給事業は、これも労働大臣の許可をうけた労働組合だけに、しかも無料で行う場合のみという条件つきで認められている。ようするに、〝人いれ稼業〟はご法度なのである。木倉はそれを百も承知で、施行規則の四条を利用して法の網をくぐろうとした。

「……どの芸能プロでもやっていることじゃありませんか、ウチではユニット料の十パーセントしか会社の経理に入れていないのですから、ナベ・プロより良心的ですよ」。木倉は警察に自分だけ調べられたことは、いわば〝受難〟であるとでもいいたげであった。私たちは「ピンハネはどんな理クツをつけても、ピンハネだろう」とこたえた。そして、彼はつかまったのである。

目クソ鼻クソの感はあるが、木倉博恭の「ナベ・プロよりはウチのほうが良心的なのです」という言葉を、私たちは肯定できる。ナベ・プロと木倉の間には、売りこみ先がキャバレーかテレビ局かのちがいしかない。むしろ、暴力団柳川組の〝資金源〟であった群小プロのほうが、その社会的影響力からいえば、ナベ・プロよりも罪が軽いとさえいえるのではないか？

大阪府警の芸能プロ手入れは、雑魚を一網打尽にすることができた。しかし、大ものは網の外でゆうゆうとうまい餌を食って、泳ぎまわっている。竹中に意見を求めにきた捜査官たちは、「なにしろシャッポが邪魔をしますからねえ」と、フンマンやるかたない表情であった。シャッポ——帽子とは、〝芸能プロ〟の頂上にすわっている自民党の有力政治家のことである。前述したように、渡辺晋が理事長をやっている〝音楽事業者協会〟の会長は運輸大臣の中曽根康弘、キャバレーのショウを主としてあつかう〝芸能事業者協会〟の会長は元労働大臣の石田博英である。ナベ・プロの違法行為を追求していけば、かならずそのシャッポにつき当る。それが、芸能界を「無法地帯」にしている最大の原因である。木倉だけが逮捕されたのは、片手落ちである。だが、司直の手がもしナベ・プロにおよんでも、おそらく事件はヤミから闇にほうむられてしまうだろう。かくて……芸能界は「ソドムとゴモラ」[9]である。

このレポートの取材中、私たちの一人が〝新日本芸能プロダクション〟の事務所をおとずれたとき、奇妙なポスターが目についた。ナベ・プロ所属の森進一を中心に、青江三奈と松島アキラを両脇に配した興行用のポスターであった。青江、松島は木倉事務所の専属タレントである。ところが、三日ほどしてまた行ってみると、ポスターから森進一がぬけている。木倉に聞くと、「ポスターは二種類つくった。うちのタレントをナベ・プロにも貸しているし、こちらでも森進一を借りようと思ってあんなポスターを刷ってみた。けっきょく借してもらえなくなってしまったので、片っ方をひっこめただけのことです」

借りることを予定してポスターを刷ったという、手まわしがよすぎて信じられぬ話である。六七年十二月上旬のことであった。まもなく、「森進一がナベ・プロを脱退？」というウワサが流れはじめた。私たちが、森の移籍にからむ〝脅迫事件〟をききこんだのは、赤坂、六本木の夜を支配する暗黒社会からである。かっては不良外人の〝東京租界〟であったこの界隈は、講和条約後、暴力団「東声会」

（町井一家）の縄張りとなり、今日も仮面をかぶった夜の紳士たちの悪の温床となっている。また同時に、ＴＢＳ前一ツ木通りを中心に芸能人センターの観があり、〝芸能プロ〟の事務所、タレントのたまり場が赤坂近辺に集中している。このあたりの喫茶店、ナイト・クラブ、レストランにいけば、かならずといってまいほど知名なスター、タレントにお目にかかることができる。暗黒街の顔役たちの巣クツであり、また芸能人のたまり場でもあるということは、何を意味するのか？

いわゆる〝組織暴力〟の弾圧以後、芸能界と暴力団の腐れ縁は、あるていど絶たれたと一般に信じられている。が、実情はそんなものではない。警視庁の頂上作戦は、自民党と右翼の庇護のもとにある町井一家にはおよばず、暗黒街と芸能界は地下水脈で結びついて、陰微な〝共存〟をつづけている。木倉の逮捕は、いわばその氷山の一角であった。木倉とナベ・プロの間にくりひろげられた森進一の〝争奪戦〟は、芸能界の深部にひそむ闇の力に演出された。

森進一——満二十歳、「女のため息」で、ビクター・レコードからデビュー、百二十万枚を売る。つづいて「女の波止場」「命枯れても」「盛り場ブルース」とヒットを飛ばし、ナベ・プロのホープとなる。ザ・ピーナッツ、中尾ミエ、園まり、梓みちよなど、〝知名度〟の高いスターをかかえているナベ・プロであるが、〝知名度〟と人気とは実はかかわりない。たとえば、中尾ミエのブロマイドが飛ぶように売れるとか、ピーナッツのアパートにファンが押しかけたという話を、私たちは聞かないのである。テレビに四六時中出ていれば、イヤがおうでも〝知名度〟は上る。だが、それと人気とは別のものである。また、ザ・タイガース的な演出された人気は短かい期間で消え去ってしまう。そこが、ナベ・プロのアキレス腱である。そこへ、森進一が出てきた。しかも、ナベ・タレのもっとも弱味とする〝艶歌調〟の流行歌で、ぐんぐん人気をのばしていった。

デビューして一年たらずで、森には地方公演のギャラ三十万円という値がついた。金の卵である。ナベ・プロは森の月給を二万円から五万円にひきあげ、さらに八万円をあたえて、屋根裏部屋から三万五千円のアパートに移転させた。中尾ミエ、園まり、伊東ゆかりなどを、月給五万円で長い期間つかっていたナベ・プロとしては破格の優遇であった。が、森は不満だった。「八万円の給料で三万五千円の部屋代を払っていたのでは生活ができない」という。ナベ・プロは部屋代を持つことにし、そのかわりマネージャーを同居させた。つまり、監視つきである。新宿区須賀町八番地八千代荘マンション5号室に森進一、隣の6号室に渡辺企画社員の工藤某が起居することになった。森進一は、納得しなかった。さらにベース・アップを要求し、他のタレントにしめしがつかぬと拒否されると、ナイト。クラブ〝ニュー・ラテン・クォーター〟の社長山本慎太郎に不満をうったえた。森は、やはり赤坂のナイト・クラブ〝月世界〟で、チャーリー石黒の楽団のバンド・ボーイをやっていた関係上、山本がその世界の顔役で、暗黒街との関係も深く、芸能界にはコワモテの存在であることを知っていた。そこで、森のほうから「他の芸能プロに移籍したい」という意思表示があったのか、山本がサゼッションをあたえたのかは判らない。山本慎太郎は、森を木倉博恭にひきあわせた。六七年十一月、森進一、二十歳の誕生日に、九州の鹿児島から母親が上京した直後である。森は母親とT弁護士を帯同して、木倉と会談した。

木倉の証言――「これだけはハッキリしておきたい、私のほうから声をかけたということではありません。森に不満があったので、誰かが（山本慎太郎の名前を木倉は慎重に伏せている）〝木倉がいいよ〟と助言したのでしょう。そこで、私はこういった。よろしい、君の要求通り契約金も出してやろう、家も建ててやる。渡辺晋にかけあって、君がオレのところにこられるようにしてやろう。ただし、オレも商売人だから、かけた資本は必らずとりかえすといってやった。森は、〝結構です、おねがいします〟といって帰った」移籍の条件は、前借一千万円（ただし現金ではなく相当の家屋を提供）、マネージメント料は当分のあいだ前借相殺（これが労働基準法違反である）、諸経費・税金をふくめ、水揚げの七十パーセントということで折りあいがついた。それでも、森進一にとっては、ナベ・プロの「月給制」にくらべれば雲泥の差の好条件であった（月に実演興行で五百万稼げば、手取り百五十万円である）。会談のさいに、木倉は百万円を内金として、森の母親に手渡したといわれる。「内金のことは知らない、仮契約書に捺印をしたという話もきいていない。私はただ、一種の侠気から森を木倉に紹介しただけにすぎない」（山本慎太郎）というが、信ずべき筋の情報では、山本、木倉、T弁護士の間で契約のお膳立てがととのえられ、森進一はそれに乗ったにすぎない。こうして争奪戦の幕はひらく。ナベ・プロ側は、「契約書」をタテにとって反撃した。ところが、森はその〝契約書〟なるものを見たことがないという。ここで、日本音楽事業者協会〝統一契約書〟のヒナ型をかかげておく。

契約書

日本音楽事業者協会々員（プロダクション名）を甲とし（タレント名）を乙と定め、下記の通り、マネージメントに関する専属契約を締結する。
第一条　乙は甲の専属芸術家として本契約期間中、甲の指示に従い、音楽演奏会、映画、演劇、ラジオ、テレビ、レコード等、その他一切の芸能に関する出演業務をなすものとし、甲の承認を得ずしてこれをなすことができない。
第二条　甲は乙に対して本契約期間中、専属手当その他一切を含む報酬として毎月円を支払うものとする。
第三条　甲は甲乙共通の利益を目的とする広告宣伝のため乙の芸名、写真、肖像、筆跡、経歴等を自由に使用することが出来る。甲が代償を得て第三者のために前項の行為をなした場合は、第一条に定められた乙の出演業務と見做す。
第四条　本契約期間中に於て乙のなした一切の出演に関する権利は総て甲が保有するものとする。
第五条　乙が正当な理由なくして第一条の出演業務の履行に支障を来たし、そのため甲が損害を蒙りたる場合は甲乙協議の上に於て乙は甲に対し補償の責任を負うものとする。
第六条　本契約締結期間は昭和○年○月○日より昭和○年○月○日に至る満○ケ年間とする。
第七条　第二条に定められた契約条件に付ては、甲乙協議の上一ケ年毎に改定することが出来る。
第八条　本契約に締結された期間の満了を以て更にその継続の意志なき場合に於ては甲乙双方共にその期間の三ケ月以前に文書を以てその旨を相手方に通告することを要する。前項の行為なき時は自動的に一ケ年間継続延長するものと定め、以後同様の例とする。

第九条　乙が甲の名誉又は信用を著しく毀損する行為をなした場合は、甲に於て本契約を解除することが出来る。
第十条　本契約書に基いて甲乙両者間に係争が生じた場合は、日本音楽事業者協会がその調停に当るものとし、甲乙両者は協調の精神を以てその話合いに応ずべきことを誓約する。
第十一条　本契約に関する争訟を生じた場合の裁判管轄は東京地方裁判所とすることに双方同意する。本契約書は弐通を作成し、甲乙各自署名捺印の上各壱通宛保持する。

これは、まことに恐るべき〝奴隷契約〟である。タレントはすべての自由をうばわれ、義務だけを負わされている。所属の〝芸能プロ〟が「指示し承認する」以外の業務にたずさわることを許されず、肖像権その他一切のパブリシティーの権利と出演を選択する権利をハク奪され、しかも「損害補償」の責任だけがあり、一方的に契約の解除を行なわれても文句をいえない仕組みになっているのだ。そのうえ、この奴隷の契約の報酬は「月保証」でわずか三万円、五万円でしかない。世間一般の常識をもってすれば、狂人でもないかぎり、こんな馬鹿気た〝契約〟を結ぶものはないのである。だが、スター志願の若ものたちは、前後の考えもなく契約書にサイン捺印してしまう。それどころではない、T弁護士によると森進一は〝契約書〟など見たこともなく、また「見せてくれ」と要求したら突っぱねられたという。もし、森の知らぬ間に〝契約書〟がつくられていたとすれば、それは「私文書偽造」である。おまけにナベ・プロの場合には、契約のさいに「むこう二年間はナベ・プロとの再契約が優先する」という〝念書〟を、タレントに入れさせるシステムが別にある。これは、映画界の五社協定をモデルにしたもので、実質的にナベ・プロの拘束から逃れられないことになってしまう。藤木孝がナベ・プロを脱退したときに、いったん「引退する」と声明した理由もそこにある。

渡辺晋は、〝契約〟を根拠に、木倉事務所と森の二重契約は無効であると主張し、強硬な抗議を申し入れた。いっぽう、吉沢武夫第二製作部長の自宅に森を三日間カンズメにし、ハナ肇らを動員して説得にかかった。木倉事務所製作のポスターから森進一の顔が出たりひっこんだりしたのは、ちょうどこの時点に当る。私たちが、赤坂の顔役の一人から、森進一のひきぬきをめぐる「脅迫事件」のニュースをキャッチしたのも、やはりこの〝監禁〟の直後だった。

仲宗根美樹事件、鶴田浩二の東映移籍事件などに登場したＤ興行、Ｎ一家など暗黒街の実力者が紛争に介在の動きを見せはじめる。任侠界きっての策士といわれる「北星会」の岡村吾一が仲介に乗りだすというウワサが流され、とうぜん、背後に稔町井一家の黒い影がちらつくという段取りで、森の移籍をめぐる暗闘はしだいに凶暴な姿をとりはじめた。その間の詳細な事情については、警視庁の捜査四課（暴力団関係）が目下内偵をすすめている。四課の手入れがもし不発に終っても、私たちは、ある一定の期間をおいて真相を公表したいと考えている。

紛争は頂上までのぼりつめ、統一契約書第十条の規定により、調停役として中曽根康弘が登場する。いったいどういう理由で、自民党の代議士が音楽事業者協会会長に就任しているのか、という疑問は野暮というものだろう。たとえば、ナベ・プロは森進一の後援会に、迫水久常、田中茂穂両参議院議員を担ぎ出している。政界有力者である自民党のセンセイ方と結びつくのが、暴力団のばあいも、芸能界のばあいも、いわば常套手段のである。ともあれ、渡辺晋と木倉博恭との間には和睦が成立し、両者で森をマネージメントするということで急転直下、紛争は解決したといわれる。すなわち、ナベ・プロはテレビ等の放送及びレコードの吹きこみ権を持ち、森に〝月給〟(五十万円という)を支払う。木倉事務所は地方巡業、その他の興業権を掌握して、〝歩合契約〟を結ぶという形である。調印は六八年一月十六日、六九年一月までの年間契約である。

かくて一件落着し、森進一は木倉事務所の手で、日立て四十–五十万円で月世界チェーンその他に売られた。その実演契約の一部が、「梅新企画」の手に渡ったというわけである。〝常勝将軍〟ナベ・プロにとって、森進一事件は、はじめて味わった苦い敗北であったと評する人びとが多い。ともあれ、森は自己主張をつらぬき通してギャランティのベース・アップに成功したのだから、「その勇気を賞讃すべきだ」という見方もできるのだろう。だが、そんなふうに単純にこの事件を割りきって、よいものだろうか? 中曽根調停は、もし森進一の事件が表沙汰になりマス・コミの追求が徹底したならば、芸能プロダクションと右翼暴力団、あるいは政治家との醜関係が白日の下に曝されることになる。とどのつまり臭いものにはフタをしろ、ということではなかったのか……?

森進一の〝勇気ある行動〟にしても、視点をかえていえば、ナベ・プロと木倉と二つのプロダクションの間を、ゴムマリのように投げかわされただけのことだ。その脱走劇は、タレントのほんらいの意味での〝自主独立〟と何のかかわりもない。ようするに、森は牛を馬にのりかえたのである。タレント収奪の現状は、彼自身のみいりが増えたというだけのことで、いささかの変化もない。森進一はこの事件を通して、ジャーナリズムに無言だった。それは、権力から逃れるために他の権力の庇護を求めた、臆病な〝亡命者〟の姿であった。芸能ジャーナリストのインタビューに、森は、哀れっぽい声音で、「おふくろや妹や弟と住みたいんです、その家がほしかったんです」と訴えた。それは、むこうみずに体制の壁をブチぬこうとする若ものの姿勢ではなかった。この疲れた表情で、どこかうす汚れた感じの若ものがスターと呼ばれる存在であることの不思議に、私たちは得体の知れない戦リツをおぼえた——。

たかが一人の小僧っ子ともいえる森進一の進退に、一国の大臣が調停を買って出るなどという話が信じられるだろうか？　だが、それはまぎれもな〝現実なのである。東京都知事選挙で、美濃部、松下両陣営とも芸能人タレントを総動員したことの意味について、ことし七月の参議院選挙が〝芸能選挙〟と呼ばれていることの意味について、私たちはより深刻に考えなくてはならないのではないか？それと、中曽根康弘が音楽事業者協会会長であり、もと労働大臣石田博英が労働法違反の芸能プロダクションの〝元締め〟であることは日本の社会構造のもっとも見えない部分でつながっているのにちがいない。私たちが軽視し、なおざりにしている部分から国家社会め腐蝕がはじまり、その毒は不知不識の間に全体に及ぶ。私たちは、残存する組織暴力と芸能界の間に流れる〝地下水脈〟の回路を、いっそう正確にたどって見なくてはならない。それは、日本の〝権力〟の実態を、より具体的に明るみに出す作業につながると思う。

このささやかなレポートの執筆が一段落した時点で、木倉博恭が釈放された、というニュースが入った。私たちのこのレポートが公刊される時点（本年六月）で、情勢はどう変化しているか予測できない。あるいは木倉プロのみならず、〝芸能プロ〟全体に職安法違反、労基法違反の一斉手入れがおこなわれているかも知れない。現在音楽事業者協会傘下の三十二社中、職安法による労働大臣の認可を得ているプロダクションは、三分の一の八社にすぎない。木倉が職安法違反で逮捕されるのなら、他の二十三社も同罪でなくてはならぬ。そして、ナベ・プロも、この章で詳述してきたように白昼堂々と〝盗賊行為〟を行っている。同断である。渡辺晋は業者の結束を協会員に呼びかけ、音楽事業者、芸能事業者両協会の連携によって、現行の労基法、職安法改正を国会にはたらきかけようとしている。

私たちがこのレポートの取材にとりかかったとき、いわゆる〝左翼〟的な立場の人びとは、関心を示そうとしなかった。とりわけジャーナリスト、評論家の無理解ぶりは徹底していた。都知事選挙にみられるように、いささかでも進歩的（？）言辞をろうする芸能人に、左翼陣営は甘すぎるほど甘い評価をあたえている。それが、目下の〝大衆路線〟であるのかも知れない。いわゆる〝統一戦線〟に、一人でも多くの芸能タレントをまねきよせることが必要であるのかも知れない。が、私たちは疑問をいだく。取材の協力を求めた私たちに、「芸能人、スターなどを暴いても仕方あるまい」「NHKとか電通とか、もっと大きな〝機構〟が対象なら協力するが」という回答しか返ってこなかった。それは、労働運動の場でも基幹産業のみに重点をおいて、中小零細企業にはお座なりの対策しか持とうとしない姿勢と共通した、〝裏返しの権威主義〟ではあるまいか？　かくて、〝大衆路線〟は、大衆との断絶を生みだしていく。日本の文化を腐蝕しているものの正体を前衛は見失って、ナベ・プロの支配に代表されるマスコミ、芸能時代の真の病根を絶つことはできない。おそらく、この夏から秋にかけて、〝芸能プロ〟の職安法、労基法改悪の運動を皮切りに、芸能界の諸問題がぞくぞくと国会に集約されるであろう。著作権法、所得税法についても論議がおこるだろう。もし、野党——革新派の一人の国会議員であってもよい、私たちがこのレポートを刊行するために集めたデータを活用することができれば、法の改悪を阻止することは容易であるはずだ。私たちは、それを心から希望する。ＮＨＫや電通ではなく、渡辺プロダクションの〝内幕〟を暴くことこそ、そのさいに必要なのである。そこに、体制の最も弱い環があるからである。

虚像を斬る

曲直瀬正雄はいう――「タレントが独立したがる理由は、ようするにギャラを袋ごと欲しいからさ。親きょうだい、女房に切符のモギリをさせてでも、いただくものは丸ごといただこうって了見になる。だが、どっこい無理な相談だ。〝芸能プロ〟商売は、そんな甘いものじゃないよ。水原弘にしても、森山加代子にしても、うちを離れて一本立ちしたところまではよかったが、しょせんはオカに上ったカッパだあね。自分で自分を売るってことが、どんなにむずかしいか、身にしみて判っちまう。たちまちオチメの三度笠、ドサまわりで稼ぐのがやっと。実力で人気があるスターなんてもな、芸能界ひろしといえども五十人とはいないだろう。それが、タレントには少しも判らねえんだ。つくられた人気をテメエのもののように錯覚してるから、手がつけられない。けっきょく、ポシャリというわけさ……。馬鹿な連中だよ」

この二月、神戸労音への出演をめぐるトラブルで、坂本九がマナセ・プロから独立するかも知れないという風説が流れた。永六輔、中村八大などの〝ブレーン〟が、強くそれをすすめている。という。マナセと九の間には、正式な契約が結ばれていないから、たとえば「労音」が年間のステージ出演を保証するという契約を九個人と結べば、それはまったく合法的なのである。私たちが得た情報では、坂本九自身も、真剣に〝独立〟を考えていたようである。だが、不発に終った。曲直瀬のいうように

〝芸能プロ〟を離れたとき、タレントとしての生命が終るからか、別に脱退を思いとどまらせる理由があったのか、一つの推測を私たちは持っているが、ここでは触れないでおく。

ともかく、タレントには強い〝独立〟へのあこがれがあり、所属の〝芸能プロ〟をはなれて会社を設立し、いわゆる社長タレントになろうとする。三波春夫、美空ひばりなどの大物クラスから、弘田三枝子、バーブ佐竹といった新人にいたるまで、曲直瀬正雄の言葉をかりれば「ギャラを袋ごと欲しがる」のである。最近の例では、〝第一共栄〟から独立した舟木一夫、渡辺晋、永島達司、川内康範など大衆音楽界の実力者を重役にすえて発足した、松尾和子の〝リビエラ・プロモーション〟がある。舟木の場合、「歌手として自主独立するため」というのが表面上の理由だが、やはりプロダクションにギャランディを不当に収奪されているという不満が、根底にはあったのだろう。この三月、舟木一夫は独立し、いっさいのマネージメントは父親の責任において行われることになった。

ところが、三月七日の朝、もと舟木の家に起居していた歌手、一条久子（18）が、東京都世田谷のアパートの自宅で死体（ガス自殺）となって発見された。一条は昨年九月、コロンビアからデビュー曲「恋のへそまがり」「ダルマさんだよ」を出したばかり、わずか一年にもみたぬ歌手生活である。週刊誌等の記事によれば、彼女は愛知県一宮市のジャズ喫茶で唱っていたのを舟木一夫の父親にスカウトされ、内弟子として住みこむことになった。だが、「ウチとは去年の十月六日に手を切って」（舟木の父親の話）アパートで一人暮しをはじめたという。どういう事情であったのか知らぬが、自分でスカウトしておいて、「もう縁はない」という舟木の父親の態度は奇妙なものだった。果せるかな「娘は大恩ある人から肉体を強要されていた」と、暗に舟木の父親を指して非難をあびせる一条の両親の談話が女性週刊誌に載り、激怒した舟木側はその週刊誌を告訴する、という醜態をさらけだした。

一条久子の「遺書」を公開したり、舟木の父親とのスキャンダルの情報（ネタ）を提供したのは、〝第一共栄〟の関係者だという。芸能プロダクションの支配から脱走しようとした舟木は、報復をうけねばならなかった。一条久子という未成年のタレントの死は、薄よごれた醜聞のダシにされたのである。

コロンビアの文芸部、ディレクターの話を総合すると、「とにかく歌はぜんぜんダメ、舟木の顔を立ててレコードは出したが、当初からヒットは期待しなかった。三月の仕事の予定は全然ナシ。歌がヘタでもスターになれないことはないし、デビューしたばかりなのだから、思いつめて死ぬことはなかった」。これまた無責任といおうか、冷酷むざんといおうか、死んだ一条久子にとってはうかばれない話である。――これが、〝芸能界〟というところなのである。

一条の母親の談話――「久子は小学校の四年生のころから〝名古屋音楽学院〟で歌のレッスンをして、ほうぼうのノド自慢、コンクールで度々入賞しております。先生もおっしゃって下さいました。こまどり姉妹のモノマネが得意でした。舟木一夫さんのお父さんが自分にまかせれば一人前の歌手にしてみせるとおっしゃるので、本人の夢をかなえてやる親心で娘を舟木さんにおあずけしたのです」

私たちにいわせれば、小学校四年生のころから流行歌の〝勉強〟などをさせることはなかったし、ノド自慢に出したりすることもなかったのだ。まして、舟木一夫のオヤジなどを信用するから娘を殺すことになってしまったのだ。つまり、親心が間ちがっていたのだ。乱暴ないいかたかも知れぬが、私たちは真実をいっている。ネコもシャクシもタレントになろうとするのは、愚かなことだ。なるほど六つのチャンネルをひねれば、テレビのどこでも歌ったり踊ったりしている。最初で述べたように、昨日までソバ屋の出前持ちをやっていた娘が一夜でタイツ姿のカバー・ガールと変じても、何の不思議もない〝一億総タレント化〟の芸能時代である。スターへの夢は、ごく安直にかなえられそうに見える。芸能界は甘いところだ。極言すれば馬鹿でもチョンでも、運がよければスターになれる。

だが、それは確率の問題である。昨年一年間にレコード各社がデビューさせた新人は百九十七人（グループ・サウンズをくわえれば四百人をこえる）。その約半数は、一条久子のように、有力歌手、作詞・作曲家等のコネを通して売りこまれてくる。中には、実力者のヒキで何の苦労もなくスターになっていくものもあり、あるいは肉体とひきかえにチャンスをつかむものもある。文字通り一曲（ひとふし）の「浪曲子守唄」を三年間歌いつづけた一節太郎、数奇屋橋公園で通行人に頭をなぐらせる〝自己宣伝〟で浮上した津田耕次など、ごくまれな例外もある。が、新人と呼ばれる百人のうち、九十五人までは一年も経てばフルイ落されてしまう。しょせんは「消耗品」なのである。「芸能界はそんなに甘くはない」と、ナベ・プロのユニット番組〝あなた出番です〟の進行係、いかりや長介（ドリフターズ）は、タレント志望の若ものたちに忠告しているが、たとえば満二十歳の森進一に一千万円のトレード・マネーが支払われるほど、芸能界は〝甘いところ〟なのである。

馬鹿でもチョンでも、いちおうタレントと名のつくものにはなれる。ということは、裏がえしていうと、いとも簡単に芸能界から消されてしまうことでもある。舟木親子という〝パトロン〟から見離されたとき、一条久子のスターへの夢はもろくも挫折した。三月にスカウトされ、五月に吹きこみという甘いデビューをした彼女は、その芸能界の甘さに殺されたのである。「だるまさん、どついてもけっころがしても、苦労は承知よ、覚悟の上よ」（だるまさんだよ）などと、陽気にうたっていたのだが……。一億総タレントの需要が、電波マスコミを中心に増大し、〝街角でふり返られる存在〟になろうとするスター志願の少年少女が昭和元禄の世相にひしめく限り、芸能プロダクションが築き上げた「タレント帝国」は不死身である。曲直瀬正雄のいうように独立しようとするタレントも、コネでスターダムにのぼろうとする少年少女たちも、けっきょく首につけられたヒモの元締めを〝芸能プロ〟に握られている。その支配収奪のシステムを打破しなくては、つまり、タレントの反抗が「ギャラを袋ごと欲しがる」ことのみにとどまっていたのでは、何一つ解決しないのである。

さて、私たちは前章で〝芸能プロ〟の脱法、違法のからくりを暴露した。最終章では、どのような手段でスターという「虚妄の商品」はつくりだされるかを解明しよう――。

タイガース売り出し作戦

ＹＯＵＮＧ（ヤング）という雑誌がある。渡辺プロダクション・友の会の〝機関紙〟である。月刊・五十ページ・定価百円。ナベ・プロ宣伝部によると発行部数一万、友の会の会員はと聞くと三万五千人というから計算があわないが、ともかく、そのような出版物があり、次のような「特集」が載っている。

〔ファンにもみくちゃ、ザ・タイガース／西日本公演を追って！〕

９月28日、発車10分前にジュリー、ピーが紺のスーツ、サリー、太郎がエンジのスーツで現われると黒山のファンが、彼らの方へ「キャーッ」という激しいカンセイとともに、ナダレのごとく走りよる。発車寸前、トッポがジーパンに水色のシャツという軽装で、片手に。アーツ、そのうしろからバンドボーイが、もう片方のブーツをもって階段をかけあがってくる。こんどはトッポめがけて突進だ。発車のベルが鳴ると、いっせいに「ジュリー」「ピー」と別れを惜しむカン声が乱れとぶ。発車後30分もすると、もう「ザ・タイガースの沢田さま、お電話でございます」と車内放送が伝える。京都へつくまでかわるがわる電話だ。彼らは身体を休めるヒマもない。11時51分、列車が京都駅にすべりこむと、ここでもファン百名近くが迎えにでている。一路、第一番目の公演先、高槻市民会館に向う。

会場は色とりどりのミニスカートのファンでいっぱい。ヒザコゾウを丸出しにして元気のいいことこの上ない。幕があくと、カン声とともに、客席の最前部へ突進。椅子はカッコウのふみ台となる。公演は大成功。午後9時30分、市民会館をあとに、近くの「かじか荘」で休憩。深夜13時10分の大阪駅発。あと発車まで18分しかない。同行のスタッフおよび女の子のファンまでが、バンドボーイといっしょになって「特急さくら」のホームへ楽器と荷物を運びこむ。

9月29日、午後12時58分、長崎着。駅には平凡、明星、近代映画らの芸能誌記者が先まわりして出迎えている。きわめて上天気だ。暑いぐらいである。皆、軽装のまま汽車をおりる。トッポはムラサキのセーターに、オレンジのシマのズボン、太郎はうす茶のズボンにチェックのオープンシャツ。ピーはイキなセーター。サリーは中国風のスーツ。トッポがサリーに、「よく似合うよ」とひやかす。「よせやい」とサリーは笑っている。グラバー邸ではたちまち女性ファンにかこまれる。「タイガースよ」と呼びながらかけよってくる。長崎ではテレビの歌番組があまりはいっていないので、心配したのだが、皆、週刊誌その他でタイガースを実によく知っている。このぶんでは今夜の公会堂は大盛況になるだろうとスタッフはうれしい予想をする。

公演は予想以上の大成功に終ったが、盛況すぎて数名の負傷者を出したことはまことに申し訳なかった。地方の警察も整理になれていなかったような気がする。夜の町をタクシーを飛ばして、長崎で一番高いところにある山の上の「ホテル東明」に向う。玄関口につくと、すでに数名のファンがいた。そして彼女たちは根気よく翌朝までそのまま待っていた。東洋のナポリともいわれる長崎の夜景を心ゆくまで眺めたのち、眠りにつく。

（一九六七年十一月号）

トッポが何やら、ジュリーが誰のことやらわからないであろう読者のために、ザ・タイガースのメンバーを紹介すると、岸部おさみ（サリー）、森本太郎（タロー）、睦みのる（ピコ）、沢田研二（ジュリー）、加橋かつみ（トッポ）である。一九六七年一月、日劇ウェスタン・カーニバルから、その平均年齢十八歳のグループ・サウンズは、ナベ・プロ専属タレントとして、大々的に売り出されることになった。関西のジャズ喫茶で、〝ミッシェル〟〝イエスタディ〟等のビートルズ・ナンバーを演奏していた無名の少年たちが、十代前期の少女たちのアイドルに仕立て上げられていく過程をたどると、ナベ・プロ流の「スター製造法」が明らかになる。

YOUNG誌の「特集」には、彼らの〝音楽〟については一行の記述もない。ただただカッコのよさだけが、くりかえして強調されている。もし手もとに色紙か、色名帖があれば照合していただきたい。紫のセーターにオレンジの縞ズボン、チェックのシャツに薄茶のスラックスといういでたちに、マシュルームカット（きのこ頭）の長髪をのせれば、少女ファンの〝偶像〟ができあがる。すなわち、ザ・ビートルズのコピー（模造品）に他ならない。一九六六年六月、空前のマス・ヒステリアを現出した「ビートルズ騒動」が、タイガース売り出しのいわば鋳型である。九段の日本武道館に数万人の少女ファンを集めて、警視庁にものものしい大警備陣をしかせたビートルズ来日公演は、かってのロカビリー旋風をしのぐ〝大衆狂乱〟を演出する確信を、ナベ・プロにあたえた。

グループ・サウンズの人気が、高潮にのることは目に見えていた。スパイダース（田辺昭知）、バニーズ（寺内タケシ）等によって下地はすでにつくられていた。ナベ・プロはいまだかって、オリジナルなポップス（大衆音楽）の流行をつくり出したタメシがない。種まかず、刈りとるのみである。ロカビリーにしても、ツイストにしても、すでに高まりつつある流行の波に乗るのが、ナベ・プロの常套手段だった。タイガースの場合は、その典型的なるものである。

ビートルズの来日を境に、スパイダースが〝越天楽〟、バニーズは〝運命〟をエレキに編曲するなど、意識的に和製グループ・サウンズは、ビートルズのコピーから脱却して、彼ら自身の音楽を創ろうとした。それは田辺昭知、寺内タケシが真正な意味での音楽家であることを証明する。が、ナベ・プロはその点、まったく破廉恥だった。タイガース売り出しのパンフレット（六七年一月発行）を見ると、その五十二曲のレパートリイはすべてビートルズ、ローリング・ストーンズ、モンキーズのナンバーをそのまま借用している。つまり、タイガースならぬコピー・キャッツ（ものまね猫）であった。私たちは、それが本場のグループ・サウンズの模倣であるから非難するのではなく、また、彼らがそうしたコピーを演奏することに異議を唱えるのでもない。むろん、グループ・サウンズに偏見をいだいてもいない。問題にされなければならないのは、ビートルズの〝遺産〟をそっくり横領しようと図った、ナベ・プロのあざとい商法である。パンフレットには、こうある。「……全員がそろいもそろってルックスに恵まれ、都会的センスをもった可愛いムード、それに関西独得の男性的野性味（?）を持っている、うんぬん」

技術的にも未熟で、ビートルズ・ファンに毛が生えた程度の少年たちを、ナベ・プロはいかにも当世風の包装紙でくるんでみせた。トッポとかサリーとかいう愛称も、オレンジ色の縞のズボンも、ミリタリー・ルックも、これすべて借りものである。そして、〝大衆狂乱〟の煽り上げも、「ビートルズ騒動」とまったく軌を一にする。まず、親衛隊と称する超熱狂的ファンのグループが登場する。ナベ・プロの前宣伝本部長代理境和夫（もと東京新聞記者）によれば、「ファンになるであろう女の子たちに、〝下見〟をさせます。むろん、こちらで用意した衣裳、アクセサリーで着飾らせて、当人たちにはわからないようにスキ間からのぞかせる。女の子の反応がステキ！　となれば、ジャズ喫茶に出演させて客席の反応をたしかめる。常連の女の子たちの中から、モニターというか世話係というか、そういう熱心なファンが何人かつかめればザッツＯＫです」

つまり、親衛隊である。それらの女の子が〝パン種〟になって、人気はふくらんでいくというわけだ。「野球もタイガース、動物もタイガース、歌も踊りもタイガースなんて、昼も夜もさわいでいるの。昼間は雑誌、ブロマイド、レコード、ラジオ、テレビで、私の心に入っているし、夜は寝ていても夢の中にタイガース出現、それで朝起きると、とても甘い気持ち。一日すごしてまた寝ると、タイガースとの甘い夢物語、いま私の心は完全にタイガースに征服されている。私にとって、ジュリーは星のプリンス、ジュリーあなたの心がほしいの」（ＹＯＵＮＧ）……かくて、二日に一度はジュリーの顔を見ないと落ちつかないの、直接、彼と目線をあわせなきゃテレパシーを感じないの」という精神耗弱の状態となり、ワーキャーと彼らの後をついて歩く女の子たちが、三十人、五十人、百人と数をましていくのである。

そこへ、芸能週刊誌が乗ってくる。前に解説したように、平凡出版の最高幹部たちは渡辺企画の重役を兼ねて、強固な同盟軍を形成している。「ショック！　ザ・タイガース（秘）プライバシー」「タイガース旋風が九州に上陸！」「ミドルティーンのアイドルを追跡する！」といった調子で、でかでかと活字がおどる。ナベ・プロと平凡出版との関係は、伊東きよ子に「エッチな質問」をした平凡パンチのデスクが戒告され、ナベ・プロの担当者が減俸をうけた事件に象徴される。ことナベ・タレに関するかぎり、〝提灯記事〟以外は絶対に載らない仕組みになっている。

「芸能週刊誌をごらんなさい。タイガースの記事が載らない週はありませんよ」（ナベ・プロ宣伝部）というが、それは当り前なのである。タイガースの合宿でパンツが盗まれたことまで〝独占特報〟になる、週刊誌に予告して引っ越しをさせる、ネタがなくなれば、ジュリーに小児マヒの妹がいることが「涙の手記」になり、ファンを罵倒したとかしないとかいう「黒い噂」をめぐって、芸能週刊誌同士が〝対立〟してみせる。あげくの果ては紋付ハカマで〝野立て〟をやらせたり、女装させたりの特写グラビアである。狂気の沙汰としか思えぬが、十代前期の少女たちにシビレルような昂奮をそれらのニュースは提供する。少女たちは魔術にかけられたように、マス・ヒステリアの連鎖反応にまきこまれていく。その熱狂ぶりは、冒頭にかかげたＹＯＵＮＧ誌の「特集」に見るごとくである。それはどんなにビートルズ来日の際の〝大衆狂乱〟と、似通っていることだろう。私たちはここで、ファン心理を解剖してみることはしない。つまりは、十代前期の少女の自覚しない〝性の衝動〟に、かかわっているのだ。狂乱それ自体をあげつらっても、意味のないことだ。ましてその狂乱を、青少年の〝非行化〟にむすびつけようとする反動的な意見に、私たちは組するものではない。

くりかえしていう、〝大衆狂乱〟を「マーシャル・ベースにのせるナベ・プロ商法を、私たちは告発している。親衛隊――芸能週刊誌を動員して、ナベ・プロは虚像のアイドルをでっちあげテレビ、レコード、映画界に占有している、直営マーケットに売りまくっていく。そうした〝シンボル操作〟で、ロカビリー旋風いらい、ナベ・プロは巨利をはくしてきた。私たちは、タイガース騒動とビートルズ来日の狂乱とは現象的に同じであるといった。そして、一つだけ根本的な相違点がある。それは、ビートルズの場合は少年少女自身の中から自然発生的にわきあがった昂奮であり、タイガース騒動は大人たちの巧妙な演出でつくりだされた〝擬制の狂乱〟であるという点である。

「渡辺プロダクションは、ついに一人の美空ひばり、一人のプレスリーも生みだせなかった」という私たちの批判に沈黙していた渡辺美佐は、最近ある芸能ジャーナリストに「私たちは日本のビートルズを生んだわ。それがタイガースよ」と、得々として語ったそうである。では、そのタイガースは、ビートルズの名唱と比較できるオリジノルな歌曲を、一つでも生みだしただろうか？　しょせんビートルズとは、似て非なるものではないか？　それは、戦後のアメリカナイズが浅薄なうわべだけの風俗としてしか、日本に定着しなかったこととあい通じる。そこにナベ・プロの限界があり、本質がある。

「擬ビートルズ」考

――とはいえ、〝擬制の大衆狂乱〟は少年少女を支配する。一九六八年三月十日、東京九段の日本武道館でひらかれた、「ザ・タイガース新曲発表会」の状況を、週刊誌明星は次のようにつたえた。

〔武道館一万二千人の狂乱〕

武道館周辺にファンの女学生がバラつきだしたのは、なんと8日の夜。開場時刻から逆算して、ざっと40時間前だ。行列のトップに並んだのは、翌9日の朝7時半、埼玉県から駈けつけた中3の2人連れの女学生。この日の東京は北風が吹きまくったが、頬を真赤にしたファンが続々と詰めかける。むろん徹夜覚悟の重装備で、毛布、枕、食糧、熱いお茶入りの魔法瓶などを準備してやってきたハイティーンは、二百数十人。

本番の10日早朝は5時からどっとファンが押し寄せたが、前夜北の丸公園に潜伏していた〝くの一〟組もあった模様。7時半頃には約4千人が、長蛇の列をくねらせる。タイガースの楽屋入りは果して可能か？　まさに〝敵前上陸〟の危機と思われたが、彼らは8時半行列からは死角にあたる裏口から巧妙に飛び込む。

12時開場が近づくにつれ、ファンは一万人を突破。ひっきりなしに停るタクシーから、心配顔の親につき添われた女学生も続々と降りて、最近の受験風景を連想させる。それにしても罪だったのは、付近におトイレがなかったこと。遠くへ行けば、行列からハミ出しちゃうし、早朝からガマンしてるは難行苦行だ。足踏みしたり、ブルブルふるえたり、歴然ソレとわかる女の子もいる。

廊下から会場に踏み込んだ瞬間、脱兎の如く好位置を狙って走り出す。慌てた場内整理員が席を争う女の子の肩をつかまえて「あんたはここ！　ここへ坐って！」「何すんのよ！　離してったら！」悲鳴と叫び声が方々であがる。入口では招待券なしで並んだファンが、泣き落しで関係者を口説いていたが、これは相撲にならない。一枚の券で芋ヅル式に潜入せんとして失敗するグループ。券を半分に切って使おうと試み、バレたファン。

定刻2時、司会の長沢純がハンドマイクを手に、ステージの上手からあらわれる。司会者が「ジュリー！」「ピー！」と呼ぶたび、純白グブルの新しいユニフォームを着たメンバーが、一人ずつ飛び出してくる。瞬間、一万二千人の絶叫と悲鳴がゴオーッと爆発し、天井中央から厳かに垂れた日の丸の大国旗が、〝熱風〟にあふられる。GS時代の本格的到来をシンボライズするカゼ、というべきか。強烈なライトに浮び上る純白のタイガース。絵具箱を引っくり返したようにカラフルな超満員の客席。空間に炸裂するジェット機の排気音のような女性ファンのカン声。

……アンコールをせがむ「タイガース！　タイガース！」の連呼。タイガースはご期待に応えて、お別れに「アイ・アンダスタンド」をサービスしたが、このときはもう客席が総立ちだ。髪を振り乱して絶叫する者、色とりどりのハンカチを千切れるほど振って泣くグループ。友だちにしがみついて、涙をこぼしながらしゃがみ込む女学生。大判の写真やプラカードを両手でかざし、「ジュリー！」「ピー！」と狂気のように絶叫するファンたち。ステージへ突進しかけて転倒、左足裂傷で医務室へ担ぎ込まれたのは、15歳の女子中学生だった。

タイガースの言葉――「きょうのぼくたちは、今まで最高のステージでした。自信をつけました。このステージで新しいタイガースが誕生した、といってもうぬ惚れじゃないと思うんです。三年前、ビートルズの公演を見に来たときのことをおぼえていますが、ぼくたちも、あれに負けないだけのファンを集めた……、大感激ですよ。きょうは、武道館が狭く見えて仕方なかったもの……」

「……ビートルズに勝った」という。それがどんな愚かな錯覚であり、不遜な思い上りであるかということを、ここでくりかえして指摘することはあるまい。しかし、彼らは、しょせんコピーであって、〝擬ビートルズ〟でしかないのだということを、明瞭にしておく必要はあるだろう。一九六六年六月、ビートルズが来日したさい、竹中労は七人の音楽記者と共同して、『ビートルズ・レポート』という週刊誌スタイルの小冊子を刊行した。その中から、日本武道館における大衆狂乱の情態を再録して、週刊明星の記事と比較してみよう――。

六月三十日午後六時三九分、予定より二分おくれて、ビートルズを乗せた黒のキャデラックは、フルスピードで警備三九四地点（代官町入口）を通過、会場の武道館にすべりこんだ。場内はすでに、一万人の観客がつめかけ、大仏次郎、三島由紀夫、加山雄三、二谷英明、白川由美、富田英三、中村八大、大島渚、戸塚文子、司葉子、安倍寧、加賀まりこ、田宮二郎、川内康範など、作家、俳優のすがたも見える。

八角形を重ねた天井から、十万ルックスの光束が降りそそぐ、午後七時三〇分、ビートルズ登場。一瞬、場内はすさまじい熱気につつまれる。「ロックン・ロール・ミュージック!」ビンビンとしゃかりまくるエレキのリズムに乗せて、ビートルズは歌う。いや、絶叫する、音をたたきつける。黒人音楽のリズム・アンド・ブルースを息もつかせぬテンポにアレンジして、たたみこんでくる。空気をつんざき、ゆさぶり、煽動し、粗く熱っぽい粒子の集合体に変化させる。彼らは、広い武道館を一つのシェーカーにしてしまう。

一万人の少年少女たちは、ツキモノがしたように、腕を投げ出し、バネあがり、声をかぎり彼らの名を呼ぶ。こうふんして泣き出すもの、頭をかかえてうずくまってしまうもの、のどをかきむしり身体を前後にゆすり、こぶしでひざをたたいて号泣する。ふと見ると、戸塚文子女史が耳をおさえて席を立った。あきらかに、嫌悪と侮べツの表情をうかべて……。

音楽評論家の安倍寧は、サンケイ・スポーツにこう書いた。「ビートルズの公演には、〝音楽〟はひとかけらもなかった。かすかに聞えるエレキと歌は拡声装置がひどすぎたとはいえそれはもう、音楽でもなんでもなかった」。……音楽不在の音楽会、と安倍はいう。ファンの狂態は、コンサートの聴衆の〝限度〟をこえたものだという。

だが、ぼくらは思う。音楽はほんらい、ハラーズ(叫び)ではなかったのか? 感情の高まりがリミットをこえたとき、胸の底からほとばしる言葉にならぬうめきのよ、う、な、も、の、悲鳴のようなものが、歌の原型ではなかったのか？　文明は、とりわけ資本主義は、人間に感情をコントロールすることを教えた。パッションＩ（情熱）はセンチメント（感傷）に変容し、人間が持っているいちばん激しく美しい〝狂気〟という感情を、しだいに消去した。

青春とは、人生の原始であろう。そこには、文明のこざかしい約束にしばられまいとする、魂の自由がある。現状への不満がある。ビートルズの〝音楽〟は、少年少女の欲求不満を解放し、叫びが歌であった生命の原点に回帰させる。彼らは、鑑賞などしない。演奏に参加する。感動していることを、肉体で示そうとする。それが叫びであり涙なのだ。ビートルズの公演を聞いて、ぼくらはむしろファンはもっと熱狂すべきだ、とすら思った。

サン＝テクジュペリのいうように、大人はだれも、はじめ子供であった。だが、そのことを忘れずにいる大人は、ほとんどまれである。ビートルズ来日、公演をめぐる〝批評〟には、世代の間にひらいた亀裂を、あたたく縫合しようとする姿勢が、ほとんど見られなかった。

草柳大蔵はいう「演奏がはじまると、女の子は、ただもうワケもなく涙を流し、ハンカチを歯でビリビリと裂き、上衣をぬいで無茶苦茶にふりまくった。言葉は悪いが、エネルギーのタレ流しといった感じである。彼女の涙は、心理的マスターベーションの分泌物というほかはない」（日刊スポーツ）

青島幸男はいう「僕は高校時代、日暮れになるとベートーベンの〝第九〟を聞きに行って、泣いたこともあるから、泣くのはわからないでもないが、あのギャーギャー騒ぐのは許せん。あんなの、みんないっしょくたに集めて、水でもぶっかけてやりゃいいんだ」

（東京中日）

北杜夫はいう「ビートルズの姿が現われるや、悲鳴に似た絶叫が館内を満たした。それは鼓膜をつんざくばかりの鋭い騒音で、私はいかなる精神病院の中でも、このような声を聞いたことがない」（同）

彼らは、後からくる世代を、冷ややかに突きはなす。ビートルズに熱狂する少年少女を、精神病あつかいにし、水をブッかけろと嘲笑し、はてはマスターベーションと罵倒する。だれひとり、武道館一万人の狂踏を、「青春のまつり」と見たものはいない。

ビートルズの音楽は、聴くことよりも、いっしょになって騒ぐことに意味がある。音楽が、人間の情緒を媒介するものである以上、そこに絶叫があり、号泣があって、なんのフシギもない。〝鑑賞〟という抑制の中に、情感をとじこめねばならぬ理由はない。

太古、人類は落雷のひびき、嵐の吹きすさぶ音を、みずからつくりだそうとして、楽器を発明した。それは、肉声——人間の能力を超えるものへのアプローチであった。音楽とは、もともと騒がしくおそれにみちて、耳をろうするものであった。

あらゆる楽器が、人の耳になじんで、ほんらいの感動を失おうとしている現代、音楽は電気と結びついた。——エレキの誕生である。アメリカの黒人奴隷が、ふるさとの原始の音律である。タムタムの響きに、西洋音楽を結合させて、ジャズを創造したように——。リバプールの労働者の子弟であるビートルズは、エレキのリズムと黒人音楽を結合させた。

彼らの演奏には、あきらかに盲目の黒人歌手、レイ・チャールズの影響がある。絶叫し、体をゆすり、たたきつけるようにシャウトするビートルズの唱法は、その原型を、レイのリズム&ブルースに求めることができる。しかもエレキのひびきに乗って、いっそう強烈であり、煽動的である。

そして、若くハンサムであることが、思春期の少女の心をとらえる。〝愛〟というものについて、社会の約束とかかわらぬ、純粋な情念をいだいている少女たちにとって、ビートルズは、コンプリートな性的魅力を提供する。彼女らの共有の恋人となり、異性への願望をみたすのである。

それは、擬制の〝愛〟である。だが、現実の肉体的恋愛において、結婚への打算や、不倫のおそれに悩んでいる、成人した娘たちにくらべて、彼女らの心情は、いかに自由であることか。泣き、叫び、失神するほど、〝愛〟を表現することができる少女たちは真の意味で健康なのではないか。

……ともあれ、一刻のマス・ヒステリアをつくりだして、ビートルズは去っていった。おろかな大人どもは、子供たちの現状不満を嘲笑し、あるいは強権で圧えつけることしかできなかった。

子供たちの胸のそこに大人への不信は暗くよどみ、内攻していくだろう。ビートルズ狂乱からさめたとき、日本の少年少女は、どこに情動の解放を求めていくか。子供たちの魂の不幸を、「非行」「狂態」と一言のもとにかたづけてしまう偏見が存在するかぎり、若い世代の夢と悩みは、果てしない循環をつづける……。

（一九六六年七月『話の特集』別冊）

……引用が長くなったが、いわゆるGS――グループ・サウンズという新しい〝音楽〟について理解していただけたと思う。そして、私たちがこのレポートを、偏狭な反米思想やナショナリズムの立場から書いているのではないということも。私たちは、日本の大衆芸能を骨がらみに侵し、今も侵しつつあるアメリカナイズの毒について例証してきた。タイガースが〝擬ビートルズ〟であるのと等しく、日本の風俗は、〝擬アメリカ〟である。

より正確にいうなら、アメリカであり日本であり、そして、そのどちらでもないヌエのような文化が、私たちの日常を支配しているということ。擬アメリカ、擬ヨーロッパ、擬中国ｅｔｃであっても、真にアメリカ、あるいはヨーロッパ、中国であるところの文化はないということ。したがって、主体性喪失のゴッタ煮のような模倣と、流行だけがあるということ。そこに、〝文化的植民地主義〟の侵透するヤワな土壌があり、横文字のハン乱する風俗が生れてくるということ。私たちのいうアメリカナイズとは、そのような意味を持つ。そして、ナベ・プロが戦後大衆社会に伝播した音楽文化は、まさに〝擬アメリカ〟そのものであった。

ビートルズの来日は、かってのロカビリー旋風にもまして重大な結節点を、日本の大衆音楽にもたらした。ＧＳ――グループ・サウンズという、新らしい音楽が若者たちの間に急速にひろがり、主流を形成する。ブルー・コメッツ、スパイダース、バニーズ等、和製ＧＳの黄金時代がおとずれる。

その時点で、田辺昭知のスパイダースは、ビートルズ・ナンバーの演奏をやめた。田辺はいった。「ホンモノが来たのにコピーなど恥かしくてやっていられない」。それは勇気ある、そして正しい決断だった。「風が泣いている」「夕陽が泣いている」「あの虹をつかもう」「越天楽」などのオリジナル・ナンバーが生まれ、スパイダースはニセモノから脱皮した。スパイダースはビートルズをのりこえて、彼ら自身の音楽を創りだした。

……ところがナベ・プロは、ビートルズのコピーを臆面もなく、ビートルズがまきおこした狂乱に乗せて売り出し、稼ぎまくった。いうならば、遺産の横領である。〝擬ビートルズ〟は、マスコミの大量宣伝で少年少女のアイドルとなった。タイガースがおなじ日本武道館でくりひろげた〝大衆狂乱〟は、いっけんビートルズのそれと等価のこうふんであるかのようにみえる。だが、そこに〝音楽の革命〟はない。ナベ・プロ商法は、プラシーボー（擬薬）を売るものである。禁断症状の麻薬中毒患者は、蒸溜水の注射でも一時的に鎮静する。粉ミルク、ブドウ糖などの薬効のない擬薬をいつわって服用させれば、風邪が癒ってしまう。タイガースは、つまり、そのプラシーボー効果を少年少女たちにあたえているにすぎない。それは、ビートルズと似て非なるものであり、まして、それを〝超えるもの〟ではあり得なかった。

ナベ・プロは、ビートルズが日本の若ものたちにもたらした音楽の革命を、風俗流行に拡散してしまった。しかも、擬制の狂乱は、〝良識〟ある大人たちに非難の口実をあたえた。奈良県あやめ池公園におけるファンの暴走（六七年十一月五日、重軽傷三十名）をきっかけに、〝世論〟はグループ・サウンズ追放にかたむいた。各地の教育委員が、ＧＳ公演への中、高校生入場を禁止し、ＮＨＫは「紅白歌合戦」からタイガースのみならず、スパイダースまでしめ出した。以降、全番組出演禁止。

ナベ・プロはあわてて、タイガースを謹慎させる。体制権力に迎合して、「期待されるタレント像」

に彼らのイメージを転換する。すぎやま・こういち作曲による「モナリザの微笑」「落葉の物語」「僕のマリー」……そしてファンから募集した「花の首飾り」。花咲く娘たちは花咲く野辺で、ひな菊の花の首飾り、週刊明星によれば――「この曲が演奏されるとカン声よりも拍手が自然にわきおこった」。ビートルズ的なるものは、消去される。製菓会社のコマーシャル、女の子のようなファッション、タイガースは、〝お子様ランチ〟となる。かくて、彼らの周辺から、擬制の狂乱も消え去っていく。

一九六八年四月、最初の主演映画「世界はボクらを待っている」封切り、鳴モノ入りの大宣伝にもかかわらず、まったくの不人気、〝擬ビートルズ〟の終焉はあっさりとやってきた。少年少女たちは、彼らの新らしい英雄である、ザ・テンプターズ（スパイダースの田辺昭知が育てあげた）に、いまや熱中している。ナベ・プロは、すりきれた古ゾウリのように、タイガースをほうり出すであろう。もう、充分にもうけた。新らしいアイドルを送り出せばよい。子供たちは、タイガースというオモチャに飽きてしまった。グループ・サウンズは落目なのだ。次は、ブーガルーかサイケデリックか？　渡辺美佐は、いまもっぱら新宿を歩いて、〝アングラ族〟の中からスターを発掘しようとしている。

かくて、次なる狂乱は準備される。「あなた、出番です！」

ジャニーズ解散・始末記

一九六七年暮れ、ナベ・プロ所属の〝ジャニーズ〟が解散した。歌えて、踊れて、芝居もできて、しかも美少年ぞろいの四人組は、ジョージ・チャキリスの〝日本版〟という触れこみで登場し、一時期、ザ・タイガースをしのぐ人気だった。そのジャニーズの突然の解散は、芸能マスコミに唐突の感をあたえたが、楽屋裏をさぐってみると意外な真相がそこにあった。

十一月二十七日午後二時、日比谷三信ビル地下「ピーターース・レストラン」で開かれた解散の記者会見で、マネージャー喜多川泰子（通称メリー）は「解散ではなく将来四人が本格的ミュージカルをお見せする休止符、とご理解いただきたい」。つまり、発展的解消であると語った。ジャニーズの四人も口々に〝今後の抱負〟をのべ、芸能界に生きていく決意をひれきしたのである。

「劇団四季の研究生になり、浅利慶太さんにゾーキンがけから演技を指導していただく」（あおい輝彦）「今後も渡辺プロにお世話になり、グループ・サウンズのリーダーとして演奏していく」（中谷良）「渡辺プロに所属しますが、かたわら新宿コマ劇場の振付け師であるタミー・モレナロ先生に師事して男性舞踊手としての将来をめざします」（飯野おさみ）「ボクはミュージカルの台本と作詞の勉強をしたいと思うので、一時芸能界を去り、日大芸術科にもどって勉強します」（真家ひろみ）

ところが……、ゾーキンがけからうんぬんと殊勝なことをいっていたあおいは、TBS「おやじ太鼓」（一月十六日から連続放映）の四男坊役として、いち早くタレントとして再スタートを切った。中谷はGSなどそっちのけで、女のかこわれものになり、高級マンションで彼女との甘い生活（?）をたのしんでいる。真家ひろみ、これまた歌手佐良直美の家に入りびたり。記者会見の席上で公約したとうり、新宿コマのレッスンに（週二日ではあるが）通っているのは、飯野だけ。つまり「将来のミュージカルにそなえて」というのは、ウソッパチであった。

ジャニーズの解散は、ナベ・タレの〝虚像性〟を端的にもの語るのだが、いったいその空中分解の真因はどこにあったのか？　成立から解散にいたるまでの過程を、順を追ってみることにしよう――。

ジャニーズ、英語で書けばJohnny'sである。Johnnyは人名で、'sは〝所有〟を意味する。一九六一年夏、飯野修美、真家弘敏は代々木中学の三学年、青井輝彦、中谷良三は二学年に在学していた。当時、子どもたちの間で模型飛行機が流行し、家が近所同士の四人は、神宮外苑に集まって飛行機をとばして遊んでいた。すると、彼らに話しかけてくる男があらわれた。アイスクリームやコーラを買ってくれ、「ぼくはワシントン・ハイツに住んでいるんだ」という。ついて行って見ると、ほんとうに、ワシントンハイツの住人であった。大きな外車を持っている。アメリカ大使館に勤務しているという。

四人は、日系二世ジャニー・H・キタガワと親しくなり、彼のいうことなら何でもきくようになっていった。ジャニーは、後にジャニーズのマネージャーになったメリーの弟で、当時三十二歳。朝鮮戦争に従軍して、日本にやってきた。除隊後、一九五八年から六六年までアメリカ大使館に勤務、〝米軍事顧問団〟の事務職員として、駐留米軍と自衛隊との間の接衝（通訳）をやっていた。彼は無類の子供ずきで、ワシントン・ハイツ付近に住む小・中学生を集めて〝ジャニーズ〟という野球チームをつくったり、文京区雑司が谷〝名和新芸能学院〟にタレント志願の子供たちをあっせんしたりしていた。

名和薪芸能学院長、名和太郎の妻——真砂みどりは、メリー喜多川の友人で、大阪松竹歌劇団（ＯＳＫ）にメリーが一時在籍したころの先輩にあたる。名和夫妻は、ジャニーがつれてきた四人の美少年を見て、「この子供たちを少女歌劇風に仕こんだらきっと受けるだろう」と考えた。一九六二年四月、〝芸研ジャニーズ〟誕生。二ヵ月後の六月に、渡辺プロダクションのユニット番組〝スパーク・ショウ〟（ＦＴＶ）に、渡辺美佐からの依頼により初出演、ギャラ五百円。インスタントダンサーの四人はステップを踏みまちがえ、テレビ・カメラの枠の外にとびだしたり散々だったが、非常な美少年であったので注目をひき、さっそくマナセ・プロからスカウトの手がのびた。〝九ちゃんの日曜日〟に出演。が、契約をめぐるトラブルがナベ・プロとの間におこり、曲直瀬正雄と渡辺美佐の親子げんかの結果、四人はいちおう、ナベ・プロに身柄をあずけられることになった。

八月、ＮＨＫ〝夢で逢いましょう〟出演、マスコット・ボーイとして突っ立っているだけで、ギャラ八百円。ここで、四人は正式に〝ジャニーズ〟と命名され、踊りだけではなく、「日本のビートルズ」を目ざして歌のレッスンもさせられることになる。ようするに、まったく何もできないシロウトの少年たちを、とにもかくにもテレビに送りこんでスターに仕立てあげていく、例のナベ・プロ商法である。〝ホイ・ホイ・ミュージック、スクール〟（ＮＴＶ）に出演したときなどは、大部分をシルエットで見せるという〝苦肉の策〟までとる始末。それでも、新宿「ＡＣＢ」、池袋「ドラム」、銀座「美松」などに出演して、ジャニーズはたちまち売れっ子になっていった。

仕事はナベ・プロを通じるが、所属は名和新芸能学院ということで、四人はウィーク・デーも名和の家に泊りこりこみ、そこから学校に通ったり、テレビ局、ジャズ喫茶に出かけていくという日常であった。送り迎えは、車でジャニー喜多川がしてくれた。このころから奇妙なふんい気が、この二世の〝親切なお兄さん〟と、子供たちとの間にかもし出されていくのである。

真砂みどりの話――、「あおい君が相談にきて、ジャニーさんのおかげでボクの一生は終りですって涙ぐんでいるんです。何のことやらわからないから、ともかくなだめて寝かしたんですが、そのときの話では、お風呂にいっしょに入ってきて、足の裏をナメたとかいうんで、ふざけたんでしょうと、うかつに私は答えたんですが……」

一九六三年一月、ジャニーズは第十九回の〝ウエスタン・カーニバル〟で日劇の舞台をふみ、伊東ゆかりのバックで踊る。テレビではじめて歌う（スパーク・ショウ最終回）。映画にも初出演――東宝「やぶにらみ日本」で、カッコイイ現代の若者を演じる。彼らのブロマイドは飛ぶように売れはじめる。月給四千円から、八千円、一万二千円と昇給していく。ただし、マネージャーのメリー喜多川としては、最後までジャニーズの月給を二万五千円以上にはアップしなかった。「子供にお金を持たせてはいけません」という美佐の論法をそのまま、メリーもうけついだ。もっとも、自分たちがギャランティ（最高ワン・ステージ九十万円といわれる）を不当に収奪していたことについて、何のエクスキューズもなかったが……。

すべては順調にはこび、ジャニーズは、少年少女のアイドルとなり、ナベ・プロも、名和夫妻も、ジャニー姉弟も、〝金の卵〟を生みだしたことで満足している——かのように見えたが、六月十二日、新芸能学院のKという少年が「ジャニーさんに接吻された」と名和太郎の部屋にかけこんで訴えたことから、大混乱がはじまる。

名和はジャニーを呼びつけて、「君は変態ではないのか」とキツ問した。ジャニーは否定したが、その前にもあおいが真砂みどりに「一生をめちゃめちゃにされた」と、泣いて訴えた一件もあるので、名和はきびしく追求した。「学院の小学生から高校生をふくめて十四人もが、ジャニーの被害にあったことが判明したのです。私がメリーに抗議すると、はじめは〝弟にそんな趣味はない〟といっていましたが、けっきょく泣き泣き真相を告白したのです」

と、名和はいう。私たちにその真否を判定することはできないが、ともかくその時点で〝同性愛〟というスキャンダルをめぐって、ジャニーズ解散の危機があったことは、事実である。六月十六日、名和はあおいの父親を新宿の喫茶店に呼びだし、NTVの遠藤プロデューサー同席の上、ジャニーのあおいに対する〝ワイセツ行為〟を暴露し、「こんな状態ではジャニーズを解散する以外に方法はあるまい」と主張した。十九日、四人の父親を新大久保の三福会館に集め、その席上での結論は、ジャニー喜多川に手をひかせるということに落ちついた。

七月十日、銀座東急ホテルで、ジャニーズ〝父兄会〟がひらかれ、こんどは逆に、名和太郎が父親たちに呼びつけられて、「今後はメリー喜多川に一切をまかせるので、あなたには手をひいてもらいたい」と宣告された。同性愛事件は名和のでっちあげだと、四人の父親ははげしく非難し、学院から息子たちをひきあげさせた。十五日、ジャニーズは名和新芸能学院を去った。

「彼らの寝泊りしていた部屋を、女房と私でそうじしたんですが、重ねると二〇センチもあるY写真、ゴム製品などがゴソゴソ出てきました。女房は吐き気がするといって寝こんじまったし、私も三日ぐらいイヤな気持ちでメシがのどを通らなかった」(名和太郎)

メリー喜多川は、ジャニーズをひきつれてナベ・プロに所属した。……つまり、それは巧妙なひきぬきであった。〝同性愛事件〟を奇貨として、ナベ・プロはジャニーズの家族たちを名和夫妻から離反させ、ジャニー姉弟ぐるみ〝金の卵〟を掌中におさめることができたのである。再びジャニー喜多川がプロモートすることになり、代々木駅前岩崎ビル内に新しいジャニーズの〝合宿〟をつくり、メリー、ジャニーの姉弟もそこに住むことになる。

ナベ・プロはジャニーズを、以前にまして大々的に売りまくった。レギュラーTV番組〝夢で逢いましょう〟〝若い季節〟〝明日があるさ〟〝ホイ・ホイ・ミュージック〟〝ジャニーズのナイン・ショウ〟、準レギュラーとして〝ザ・ヒットパレード〟〝音楽の花ひらく〟、ラジオ番組〝ジャニーズ・ジャンプ〟(日本放送)。映画〝下町の太陽〟〝クレージーの黄金作戦〟〝あの雲に歌おう〟えとせとら。

一九六四年八月、ビクターで初のレコーディング、永六輔作詞、中村八大作曲の〝若い涙〟。以降解散までに、シングル盤十五枚、LP盤二枚を吹きこんだが、いずれもヒットせず、声だけできかせるジャニーズの歌唱はファンの支持を集めることができなかった。つまり、その程度の実力だった。

十月、週刊平凡の表紙に登場、グラビア、提灯記事ぞくぞく芸能マスコミをにぎわす。六五年四月、日生劇場ミュージカル〝焔のカーブ〟（石原慎太郎演出）に出演、台詞が三階の客席までとどかず、劇評家の酷評をうける。

同年四月、飯野おさみ、真家ひろみが日大芸術学部入学。五月、京都音協主催の〝ジャニーズ・ショウ〟。七月、大阪梅田コマ劇場出演、拝みちよ、藤田まことと共演。そして十二月、紅白歌合戦初出場。翌六六年一月、再び日生ミュージカル〝宝島〟（石原慎太郎演出）に主演、あいかわらずセリフは生硬であったが、ファンの総動員で劇場側としてはホクホクの大入り満員。三月、日活映画〝青春大統領〟出演のためシドニー・ロケ、共演石原裕次郎、浅丘ルリ子。四月、中谷良、あおい輝彦、日大芸術学部入学。六月、両人の入試カンニング事件が暴露される。

八月、突如渡米、ロサンゼルスのメリーの妹方に寄宿、ナベ・プロより随行二名、ジャニー姉弟も同行。一九六七年一月五日帰国、半年間の〝留学〟の成果は、記者会見で発表した談話によると、「アメリカでは英会話の勉強、水曜と土曜はドラマの勉強、昼間は歌と踊りのレッスン、夜はもっぱら芝居見物、歌はジャック・オーカー、ボデイ・チャンドラー他、三人の教師についた。踊りは五人の先生に三時間ずつ三週、ルイ・ジャズ・センター（ブロードウェイ出演者がレッスンを受けるところ）でみっちり稽古してきた。ラスベガスにも行った。ビング・クロスビーから〝ジャニーズ・ショウ〟を申しこまれたし、〝エド・サリバン・ショー〟にも出演の話があったが断わった。RCA・キャピトルで、レコーディング・オーディションのさそいがあったので、十三曲を吹きこんできた。日本では発売されないが、二月ごろアメリカで売りだされる予定。〝アイ・リメンバー〟など全部英語のオリジナル曲である」

そして、帰国後出演したテレビ番組のかずかずで、その成果は余すことなく披露されたのである。だが、内幕を暴露すると、中谷の声をのぞく他の三人は、ジャニーズではなくアチラの歌手がうたったり、演奏したりした精巧なテープであった。つまり、テープに合わせて口をパクパクさせ、エレキやオルガンを弾いてみせたのだ。ある音楽評論家がその真相をすっぱぬこうとしたが、ナベ・プロの干渉でウヤムヤに終ってしまった。

同じく一月、〝ウエスタン・カーニバル〟出演の帰途、中谷良が若い女性をひき逃げ、示談になったが、事件をかぎつけた芸能記者たちは、ナベ・プロの強力な根まわしで口をつぐんだ。やはりそのころ、酔っぱらい運転事故をおこした守屋浩が週刊誌の好餌となって、さんざんにたたかれたことを思いあわせると、ナベ・プロの〝マスコミ統制〟の完璧さが理解できる。六月、大阪労音ミュージカル「いつかどこかで／フォー・リーブス物語」に主演、客席は超満員で東京から招待された報道関係者の座席もないありさまだったが、批評はかんばしくなかった。アメリカ帰国の直後、テレビで披露したテープ演奏とそれは、あまりにかけ離れていたから。……その舞台で共演した四人の少年たちが、後にフォー・リーブスと命名されて売り出されることになる。

……以上のように、ナベ・プロは〝虚像のタレント〟であるジャニーズを、名和新芸能学院からひきぬいて、徹底的に売りまくり、とうぜん巨利をはくした。ザ・タイガースの場合と同様、それは〝擬アメリカ〟であり、テープ事件に象徴されるように、コピーそのものであった。むろん、ビング・クロスビーとか、エド・サリバンとかいう話は、口から出まかせだった。キャピトルから発売されるはずのレコードも、その後さっぱりウワサをきかないところを見ると、真偽のほどは保証しかねるのである。そして、そんな手合が、私たちの国では芸能人、スター、タレントとして通用するのだ。アメリカナイズの毒は、日本の風俗に、かくて骨がらみである。六カ月たらずのアヽヽヽメリカ留学で、ビング・クロスビーと共演できるなどという馬鹿げた話をうのみにしてしまうほど、ファンもマスコミも擬アメリカ症状におかされているのだ。

閑話休題――、そのジャニーズが突然解散しなければならなかったのは、名和太郎こと高橋幸吉（実名）から、東京地方裁判所民事部に、〝立替金請求等〟の訴えがおこされたためである。……民事十三号、事件番号七の三千五百十三号。被告、ジャニー喜多川、青井輝彦、中谷良三、飯野修実、真家弘敏。

事件の内容は、一九六二年四月一日から同六四年六月二十八日までのジャニーズの名和新芸能学院におけるレッスン料、宿泊料及び食費、六二年三月十五日から六四年六月末までのジャニーズの下宿料、交際費など合計二七〇万六千二百九十八円を弁済要求するというものである。〝立替金請求等〟の「等」とは、ジャニーが学院内でおこしたワイセツ事件を指す。はじめ、原告名和太郎は、金銭問題をぬきにして、ワイセツ事件だけを提訴したところ、被害者（ジャニーズ）の直接の訴えがなければ受理できないと却下された。そこで、弁護士と相談の上で立替金請求事件としたのだが、二七〇万六千二百九十八円は領収書、または支出明細（伝票）があるもののみについての請求額である。

名和は告訴の前に、報道関係にジャニーの〝醜行〟をバクロする旨の印刷物を配布するという手段をとり、また、ナベ・プロのひきぬき工作を非難する談話を発表した。それは芸能プロダクション業界における、はじめてナベ・プロに対する正面きっての挑戦であったが、芸能ジャーナリズムの大半は、名和の訴えを黙殺した。なるほど、それは目クソ鼻クソを笑うたぐいのスキャンダルであり、要するに、〝金の卵〟のみにくい争奪戦のなりゆきにすぎないともいえよう。だが、それに類したゴシップには、待ってましたとばかりとびつく週刊誌が、ナベ・プロが関係するとサザエのように沈黙してしまうのは、中谷良ひき逃げ事件の場合と同様、そこに何らかの圧力がはたらいたことを証明する。げんに、この事件を報道した〝女性自身〟編集部にはナベ・プロから強硬な抗議があり、後書きで述べるように、私たちの企画したレポートの連載を、同誌は中止したのである。

一九六七年十月、ジャニーズは法廷に立たされることになった。東京地裁の記録による〝証言〟から、二、三を拾うと――。

柴田泰（渡辺プロ東京音楽院講師）「私はジャニー君が、四人の子どもたちをつれて、名和芸能学院を出ていった事情をよく知っています。それは、……（少し口ごもって）ジャニー君が子どもたちにワイセツな行為をしたからです」

秋本勇蔵（歌手）「ジャニーさんにイヤなことをされたという話は、あおい君自身の口からきいています。ぼく自身も、当事十七歳でしたが、ジャニーさんにイタズラをされたことがあります」

柴田は、現在ナベ・プロ系の東京音楽学院の講師であり、証人台に立つことがきまると、渡切美佐から当然圧力をかけられた。しかし「勇気をふるって真実をいわねば、と思いました。少年少女を堕落させる芸能界のありかたというものを、私の証言でハッキリさせたいと考えたからです」

秋本勇蔵は、一九六一年十月に名和新芸能学院に入り、現在歌手として独立している。「自分も被害者だったなどといえば、歌手としてのイメージが傷つくと思いました。でもやはり、本当のことをいわなければいけないと思いなおして、証言したんです」

いっぽう証言台のジャニーズは「そんなことは憶えていません」「知りません」とか（聞かれもしないのに）「ジャニーさんには何もされていません」と答えた。四人とも、蒼白な表情でブルブルとふるえていた。けっきょく、ワイセツ行為は〝立証〟されなかったが、そのかわりこの裁判からジャニーズの月給とギャランティが、明るみに出ることになった。

六四年七月から六七年五月まで一万五千円、同年六月から八月まで二万五千円、同九月から月給と同額の〝お小づかい〟……であったといい、これは、あおい自身の証言であるから、まちがいあるまい。するとナベ・プロ、ジャニー姉弟は驚くべき搾取を行っていることになる。その全盛期、ジャニーズは地方興業で日立て六十万円。六十七年一月の糸魚川公演では、一日八十五万円のギャラが渡辺プロダクションに支払れている。一カ月三回の地方興行で二百万円、テレビ出演五回としても二十万円、ジャズ喫茶、CMなどをあわせれば、ゆうに月間三百万円のかせぎがなくてはならない。ジャニーズ設立のさい、スナックバー「スポット」を経営していたのだが、営業不振で売りはらった事実がある。ところが、いつの間にか店を再開し、経済的にも立ち直っている。ナベ・プロとメリー・ジャニーは、ジャニーズのもうけを折半していたといわれるが、ともかく法廷でギャラが明らかになると、ジャニーズの四人は（というより父親たちは？）月給とあまり大差があるのに驚き、ふんがいした。当初は、全員がナベ・プロから離反し、独立しようとした。あおい輝彦の〝四季移籍問題〟などがおこってきて、ジャニーズは内部から崩壊した。結果的には、飯野と中谷がナベ・プロに残ることになったのだが、グループの分解といい自然のなりゆきだった。

記者会記が終ると、芸能ジャーナリズムはいっせいに〝解禁〟の許可がおりた釣師のように、筆をそろえてジャニーズ解散の〝真相〟を書きたてた。いわく、「同性愛裁判で芸能界にイヤ気がさした」「清潔なイメージを壊されて分裂劇」「劇団四季のスカウトからすでにチーム・ワークは崩れていた」「四季としてはあおいに最高の条件を出していた」「帰国後のハイブロウなイメージ。アップが原因でTV局からそっぽをむかれたことも」「ギャラが安かったせいもある」

……それらの〝解説〟は、おそらくすべて正しい。だがそれは、ジャニーズ解散の真の理由ではない。模型飛行機で遊んでいるのをスカウトされた、その〝原点〟からすでに、ジャニーズは〝虚像〟であった。そのような虚像が、いともたやすく結ばれる芸能界という擬アメリカの反射鏡に、それをつくりあげてきたナベ・プロという巨大な〝スター製造機械〟に、ジャニーズ解散の真の素因はあるのだ。タイガースが、その道程を歩き、フォー・リーブスが同じプロセスを踏みつつある。かくて、虚妄は果てることがない。

期待される？　タレント像

会長山岡荘八、副会長本田宗一郎、同渡辺はま子、同伴淳三郎、理事長ジョージ川口、相談役。水島道太郎、同小林重四郎、同方波見辰雄、運営委員長南道郎、顧問丸尾長顕、同榎本健一、同藤山一郎、同三島由紀夫、同曽我廼家明蝶〔会員〕木村義雄、はかま満緒、川内康範、河野洋、北条誠、伊志井寛、岩井半四郎、林与一、賀原夏子、宝田明、田崎潤、丹波哲郎、平凡太郎、谷幹一、山田真二、山内賢、松村達雄、船越英二、小堀明男、里見浩太郎、佐山俊二、由利徹、三船敏郎、森川信、市村俊幸、井上孝雄、石井均、市川好郎、坂東好太郎、葉山葉子、博多淡海、堀雄二、星由里子、茶川一郎、大村昆、大村文武、丘寵児、太田博之、大辻伺郎、若林映子、片山明彦、嘉手納清美、芳村真理、田村高広、谷村昌彦、高島忠夫、太刀川寛、高松英郎、高城丈二、武智豊子、玉川良一、高峰三枝子、立原博、津川雅彦、根上淳、中村錦之助、中村賀津雄、中村竹弥、中丸忠雄、波島進、長門勇、なべおさみ、夏木陽介、牟田悌三、梅宮辰夫、海野かつを、工藤堅太郎、久里千春、安井昌二、松方弘樹、藤木悠、藤山寛美、藤田進、藤村有弘、藤田まこと、フランキー堺、船橋元、船戸順、富士真奈美、小林桂樹、小林旭、小桜京子、小林千登勢、木暮実千代、渥美清、有島一郎、芦屋雁之助、青山京子、浅香光代、笹るみ子、三条江梨子、五月女マリ、佐々十郎、坂本武、佐原健二、相模武、堺駿二、桜京美、北あけみ、清川虹子、三橋達也、三木のり平、三井弘次、南広、南利明、美川陽一郎、水野久

美、路加奈子、宍戸錠、品川隆二、左とん平、人見明、人見きよし、平田明彦、森光子、関敬六、世志凡太、市川昭介、古関裕而、有馬徹、見砂直黒、ハナ肇、犬塚弘、桜井千里、安田伸、谷啓、ダニー飯田、与田輝雄、引田天功、古今亭今輔、金原亭馬生、林家三平、桂米丸、立川談志、月の家円鏡、柳家小さん、古今亭志ん朝、三笑亭夢楽、、柳家小せん、三遊亭金馬、三遊亭歌奴、春風亭柳朝、林家正楽、灰田勝彦、曳伊東ゆかり、伊藤素道、飯田久彦、井沢八郎、鈴木やすし、石川進、旗照夫、バッキー白片、二宮ゆき子、西田佐知子、大津美子、若原一郎、神戸一郎、克美しげる、金井克子、梶光夫、竹越ひろ子、田端義夫、園まり、長沢純、中尾ミエ、中曽根美樹、村田英雄、楠トシエ、山崎唯、松尾和子、フランク永井、高橋元太郎、拝みちよ、朝丘雪路、春日八郎、沢村美司子、坂本九、沢たまき、北原謙二、雪村いづみ、三橋美智也、宮城まり子、ミッキー・カーチス、水原弘、三島ゆり子、守屋浩、森山加代子、笈田敏夫、宝とも子、築地容子、山田太郎、松島アキラ、福田君子、小唄勝太郎、ディック・ミネ、三波春夫、ジェリー藤尾、天中軒雪月、相模太郎、木村若衛、二葉百合子、宮田羊容、布地由起子、喜味こいし、夢路いとし、青空千夜、青空一夜、獅子てんや、瀬戸わんや、リーガル天才、リーガル秀才、晴乃ピーチク、晴乃パーチク、中田ダイマル、中田ラケット、ダブルけんじ、木田鶴夫、木田亀夫、一竜斉貞丈、宝井馬琴、桜井長一郎、小野栄一、並木一路、一竜斉貞鳳、玉置宏、内海突破、ジョージ・ルイカー、高岡繁夫、猿若清方、かしまし娘、鹿島三津夫、すっとんトリオ、水ノ江滝子。

……キリがないからやめておこう。これは「自衛隊友の会」のメンバーのごく一部、その〝定款〟

によれば、「本会は陸海空自衛隊員と全国民との親睦をはかり、自衛隊の健全なる発展に寄与することを目的とする」。具体的に何をするかというと、芸能人による各地自衛隊基地の慰問、激励である。一九六八年一月十五日付「自衛隊友の会活動状況」（陸上幕僚監部）によれば、六七年度には一年間に九十三回の芸能人慰問が行われている。会員は、自衛隊そっくりの〝制服〟を支給される。飛行機、ヘリコプター（むろん自衛隊の）で慰問の際は送りむかえをしてもらう特権がある。

「オレは、そんな会に入っていない。勝手に名前をつかって、不届きだ」（川内康範）という声もあるが、私たちが取材したかぎりでは、ほとんどの芸能人タレントがハガキのアンケートに〝承諾〟の返事を出している。三波春夫などは、バンド付きで三万円という常識の五十分の一のギャラで、「よろこんで出演してくれた」（運営委員長南道郎の話）という。私たちは、芸能人がみずからの意志において、刑務所を慰問しようが、自衛隊を激励しようが、いっこうさしつかえないと思う。だが、それが、「自衛隊と一般青少年の融和と情操教養の純化向上につとめる」（定款第四条）目的を持ち、政府自民党の富国強兵キャンペーンに利用されていることを、タレントたちは承知で名前をつらねているのだろうか？

「私達日本の国民として祖国の平和と安泰、同胞、子孫の繁栄を願わぬ者はありません。ここにわが国の、平和と独立を、守る任務に服する、陸、海、空、の自衛隊は、発足以来既に十五年を迎え、着々と実力を養成し、黙々として国土防衛の大任を果すとともに、度重なる災害出動、及び、遭難救助等の献身的な活躍は、全国民の等しく認める処であります。ひるがえって、世界の情勢は今日なお多難を極め、東南アジア等で絶えざる戦火が続き、東西の話し合いムードの中にも苛酷なる戦闘が展開されている現状であります。かかる情勢においてわが国に今後いかなる急変事態も起らないと断言することはできません。この緊迫した情勢にあって私達の美しい国、日本を育て上げ、そして次の世代に伝えて行く責任は誠に重大なるものがあり、この責任は自衛隊のみの任務ではなく、当然私共全国民が等しく負わねばならぬ処であります。

然るに趣く一部に、とはいえまだ自衛隊の実態を理解せず、その存在を無視する者さえあることは、誠に遺憾とするところであります。ここにおいて、文化、芸能にたずさわる私達が先達となり、全国民とともに融和親睦をはかり、自衛隊になお一層の理解を深め、全自衛官諸氏の精神的支援はもとより、あらゆる行事活動に積極的な協力をおしまず、その健全な発展に寄与し、憂いなき防衛態勢を築き、世界平和に貢献出来れば、これにすぎたる喜びはありません」（友の会趣意書）

芸能界と国家権力の結びつきは、タレントたちの無自覚、あるいは〝長いものには巻かれろ〟という河原コジキ的な情念に依拠して根を張っていく。そして、ここでも、ナベ・プロの果している役割は大きい。植木等をのぞく、クレージー・キャッツの全員。梓みちよ、園まり、伊東ゆかり、ほとんどの所属タレントが「友の会」メンバーである。ちなみに、若い自衛隊員の間では園まりが最高に、〝恋人のイメージ〟として、人気をあつめているという。

一九六七年三月の東京都知事選挙で、松下正寿候補をすいせんしたタレントの連名と、「自衛隊友の会」名簿をつきあわせてみるとほとんど重複している。渥美清、中村錦之助などをのぞけば、それは同一の名簿であるであるといってもさしつかえない。都知事選挙の際、渡辺美佐の陣頭指揮の下、ザ・ピーナッツをはじめナベ・タレが、松下候補の応援にくり出したことを、私たちは想起する。いっぽうにザ・タイガースの擬制の狂乱を演出し、ジャニーズの〝虚像〟を売り、いっぽうでは保守党、自衛隊と結びついて花やかな応援団、アトラクションを提供する。それが、ナベ・プロの本質である。フィリピン大統領の会見を拒否して、同国の右翼に殴られたビートルズの気概は、ナベ・タレにはない。女帝渡辺美佐が、「自隊術に行きなさい」と命じれば、「ハイ」と素直に返事をするデクの棒ばかりだ。そのように、ナベ・プロはタレントを教育してきた。ある芸能記者が、ピーナッツに「何党を支持していますか？」ときくと、「職業がら自民党を支持します」という答がかえってきた。

これは要するに、奴隷の心情である。その従順さと、バタ臭い歌声と、〝擬アメリカ〟なるものの典型を、私たちは、ナベ・プロのタレントに見ることができる。しかも、その実態は——ジャニーズの例に見るごとく、ひと皮めくれば無惨なのである。

渡辺プロダクション友の会の機関誌・ＹＯＵＮＧに、再びもどろう。ナベ・プロはどのようにタレントを教育管理しているか、この機関誌に載っている、タレントとファンとの対話を読めば一目りょう然である。そこには年齢相応に、無邪気な花々しいおしゃべりをしているものは、誰もいない。ナベ・タレはつねに優等生であり、模範生である。

ファン／仕事がいやになってやめたいなんて思うことありますか？

田辺靖雄（当時21歳）／あるよ。でもそれはどんな仕事をしていてもあることじゃないかな。それに

負けずに、それをステップにして成長するわけだよ。（41年9月号）

中尾ミエ（20歳）／いまの人って歌だけしかできないのね、若いんだからもっと意欲があってもいいと思うんだけど。それから、芸能界には芸能界のしきたりが必要だって思うの。やはり、それは守っていかなくっちゃいけないわ。（同7月号）

布施明（19歳）／人間性の問題だよ、いくら歌が上手だってもさ、人間的に成長することを忘れたらダメだ。（42年8月号）

……ひねこびた大人のような、教訓めいたタレントの発言で、ＹＯＵＮＧ誌はうめつくされている。

「どうです？　うちのタレントには、非行や退廃のカゲリなど、まったくないでしょう」（宣伝部）という。ナベ・プロの期待されるタレント像とは、このようなものである。森進一を一日刑事に仕立て上げて、川崎警察署の犯人逮捕のモギ演習に参加させたり、望月浩、木の実ナナに黄色いハンカチを通行人に配らせて交通安全運動に一役買わせてみたり、あるいは田辺靖雄に孤児慰問のチャリティ・ショーを開かせる……といった美談のかずかずも、ＹＯＵＮＧ誌の売りものである。

ファンからの投書――、「布施明のオニイサマ、私の恋は小さなバラのつぼみを、涙で冷たく光らせております。誠実で、人間的なオニイサマを知ってから、まり子はとっても素直なよい子になりました。ただ、その人のいることが心にまぶしいなんて、ほんとうにこんなことってあるのかしら？」（15歳）

芸能界のしきたりを守って、成長していくナベ・タレたち。〝国家と若者の未来を憂える〟どこかの国の総理大臣から、勲章がもらえるかもネ。渡辺美佐はいう、「若いタレントにいちばん望みたいのは、社会の常識をわきまえて行動してもらいたいこと。ウチの会社ば、優等生ばかり。つまり、物すごいのがあらわれないってことにもなるけれど」

（週刊サンケイ、38年11月11日号）

だが、私たちは思う。そういう〝優等生〟ばかりであることが、実は物すごい、恐怖すべきことなのではあるまいか？　たとえば、タイガースがまきおこした大衆狂乱をコントロールして、日本の若者たちをとんでもない方向にひきずりこんでいくことも、可能ではないか？　私たちは武道館の狂乱を取材しながら、ふとリツ然とした。もし、ステージの上のアイドルたちが「自隊隊万歳！」と叫んだら、一万人の少年少女も声をそろえて同じ叫びを発するめではないか……という夢魔のような思いにとらわれたのである。

それは、けっして〝幻想〟ではなく現実におこり得ることなのだ。マスコミ時代、芸能時代といわれる今日、シンボル操作によってマス・ヒステリアをつくりだすことは、まことに容易である。国家権力とナベ・プロとが結託して、キャンペーンを企図しないという保証は……どこにもない。

現に自民党は、〝広報センター〟をつくって、テレビ番組、映画、日刊紙、週刊誌などのマスコミ媒体を持とうとしている。西郷輝彦吹きこみによる「若者の歌」は、すなわちその一環である。（まさか？）と、読者は私たちの危惧を笑うかも知れない。どうせ頭の古い自民党の代議士などに、何ができるものか、と思われるだろう。しかし、事態はかなり深刻である。いま民放にはレッド・パージの嵐が吹きまくっている。TBSでは、ニュースコープのキャスター田英夫、「日の丸」の萩元晴彦、「煙の王様」「ハノイ」の村木良彦、「成田24時」（放送中止）の宝官正章と、進歩的な番組のプロデューサー、ディレクターが大量処分されている。NTV・NET・FTVもまた、政府自民党の圧力で、良心番組が次々に消え去っていく状況である。

そして、来るべき〝白痴番組〟〝体制番組〟一辺倒の時点で、ナベ・プロは大きく浮上してくる。ブラウン管独占という渡辺晋・美佐の野心は、そこで果されるのである。したがって、国家権力との結びつきを、いまナベ・プロは強固にしておかなくてはならない。渡辺美佐が万国博の催物のゼネラル・プロデューサーに就任したのは、そのような情勢の下においてであった。

むすび――

「渡辺プロ……渡辺美佐副社長は七日午後九時三十分、羽田発のPAA機で渡米する。一九七〇年に大阪で開かれる日本万国博覧会で、ポピュラー音楽プロデューサーに選任されたので、現在モントリオールで開催中の万国博覧会を見学、その後アメリカを回り、帰国は今月下旬」

（九月六日付・スポニチ）

一九六七年九月七日、佐藤栄作氏、日本国首相として台湾公式訪問のため羽田を発つ。同日、オズボーン駐日米代理大使、外務省に原子力空母エンタープライズ等、米国原子力軍船の日本寄港を申し入れ、木村官房長官、「安全性を認められれば寄港を承認」という談話を発表。やはり同日、日本放送連合会の招きで来日した元米連邦通信委員会（FCC）ニュートン・ミノー委員長は、東京大手町のサンケイホールで講演、「公共・商業放送の力を結集し、通信衛星による日米両国の番組交換をすすめよう」と提唱した。

同月三日、TBSはアメリカCBS・TVによる〝南ベトナム大統領選挙ニュース宇宙中継〟に際して施設を提供。十九日、佐世保市長は「米原子力艦隊を佐世保に寄港させてほしい」と木村官房長官に要望。同日、アメリカのモルガン・ギャランティ・トラスト・カンパニー（モルガン財閥経営の銀行）からTBS外資二百万ドル導入。総理府は〝政府発行の週刊誌〟を創刊することをきめ、予算六億円を大蔵省に要求――。

ベトナム戦争への協力、マス・コミ規制、宇宙通信衛星による日米合弁の〝新時代〟がはじまろうとしていた。渡辺美佐渡米一カ月前の八月十日、万国博の催し物スタッフは初の会合をひらいて、会期一八三日間のプログラム編成その他の〝基本方針〟について話しあった。出席者、ゼネラル・プロデューサー伊藤邦輔、渡辺武雄（お祭り広場担当）、村山未知（クラシック音楽担当）、渡辺美佐（ポピュラー音楽担当）。「各分野にわたって世界最高の芸能を紹介する」ため、積極的に意見を交換した。〔**表17**〕は、その席上に、渡辺美佐から提出された〝外国芸能人招へい一らん表〟である。総額八億九千万円の催し物予算は、大部分が外国タレントの招へい費に使途されることになった。

ナベ・プロ提出の「企画書」が、どんなにお座なりなものであるかは、いちいち解説をしなくとも、一目りょう然である。これをようするに、思いつきで〝人気タレント〟を列挙したにすぎない。しかも、その発想の貧困なこと、恐るべきものがある。この表は、私たちが整理したもので、原本は渡辺音楽出版の便箋に走り書きしたものをリコピーした、お粗末きわまるものだ。それは、同じタレントがダブって記載されたり、英語のスペルは間ちがいだらけ、という態たらくなのである。どうして、この〝秘密文書〟を私たちが入手したかというと、万博催し物関係者である某有力者（特に名を秘す）が、あまりに安直な内容に憤慨し、「ぜひとも公表してほしい」と提供してくれたのである。

「……とってもできないからとおことわりしたんですけど、最後にいわれたんです。いままで仕事をしてきたんだから、やっぱり、お国のためにって、フフフフ」（週刊サンケイ六七年十二月十一日号）

［表 17］外国タレント招へい一覧表

（渡辺プロ提出・第一次案）

期　　日	タ　レ　ン　ト
3/19 ～ 21 （3 日間）	○スタンリー・ブラック（英）
3/22 ～ 24 （3 日間）	○カーメン・キャバレロ（米） 〔代案〕ピーター・ネロ，ロジャー・ウィリアムズ リベラーチェ，フェランテ&タイシャー
4/1 ～ 7 （7 日間）	○アンディ・ウィリアムズ・ショウ（米） （註）1970 年までに人気下降？ このショウの面白さはゲスト出演にある。 （男）フランク・シナトラ，サミー・ディビス・JR，ディーン・マーチン，ペリー・コモ，ハリー・ベラフォンテ，トリニ・ロペス （女）ナンシー・シナトラ，バーバラ・ストライサンド，コニー・フランシスなどを組合せては如何？
4/8 ～ 12 （5 日間）	○イブ・モンタン・ショウ（仏） （註）之は立派だが，せいぜい三日間
4/27 ～ 30 （4 日間）	○アメリカン・コメディアン（米） （ボードビル） 之は芸人候補多いが，英語が分らないと面白くない。 ダニー・ケイ，ジャック・ベニー等
5/1 ～ 18 （19 日間）	○英国 MUSICAL（英） 英国の俳優によるミュージカル。「OLIVER」他ギルバート・サリバンのオペレッタ
5/24 ～ 26 （3 日間）	※日付順序が狂っているのは，〝原案〟のまま ○アルゼンチン・タンゴ（亜） カナロ・オーケストラ（F・カナロは死亡）
4/19 ～ 21 （3 日間）	※日付順序が狂っているのは，〝原案〟のママ。 ○アルゼンチン・タンゴ（亜） カナロ・オーケストラ（F・カナロは死亡）
5/24 ～ 26 （3 日間）	○オスカー・ピータースン（米） 〔代案〕JAZZ のパッケージとしては，ノーマン・グランツ主宰 JATP。 デージー・ガレスピー，オール・スターズ。アール・ハインツ・トリオ等まだ来日しないタレントを撰拓する。ボーカリストとしては，ユナ・シモン，ナンシー・ウィルスン，カーメン・マックレー。

6/1～3 （3日間）	○カンツォーネ・フェスティバル
7/10～14 （5日間）	○シャンソン・フェスティバル（人気歌手中心）
7/15～20 （6日間）	○世界のフォーク・ロック （註）フォーク・ロックに限定しない。ニュー・ポート・フォーク・フェスティバルのスタイル。又はハリー・ベラフォンテ・ショウを組む。又はリズム&ブルース・ロックン・ロールの人気グループを招へい。ラテン・ロック・グループ他。
8/1～5 （5日間）	○世界の四大歌手競演 （註）ポピュラー畑ではムリ 〔代案〕エルビス・プレスリー（単独ただし3年後の人気不明）
5/10～25 9/1～12	○アメリカン・ミュージカル（米） a）現在ブロード・ウェイでLONGRONのヒット・ミュージカル，スィート・チャリティ，IdoIdo b）古典ミュージカルSHOWBOAT・OKLAHOMA，KING&I，KISMET等。

と、渡辺美佐はいう。十億円ちかい税金をつかって、外タレを呼ぶことが〃お国のため〃であるかどうか、などという論議は、ヤボというものだろう。現在カナダ・トロント交響楽団常任指揮者である小沢征爾をクラシック部門にくわえよという提案があったとき、「あの人はニッポン人でしょう」という意見が出て、水に流れてしまった。万国博の催し物とは、つまりそういうものなのである。舶来一辺倒……それ以外の何ものでもない。

そこには、日本の民族音楽芸能を、外国の賓客に正しく紹介する姿勢などまったく見うけられない。世界のタレントに伍して、日本の芸能人を対等の資格で出演させようという志すらない。アタマから、外国のものなら何でも結構という、情ない主体性喪失の姿しかない。それは、戦後二十三年、私たち日本人がついに、「日本の大衆芸能」を持ち得なかったことの証明である。渡辺美佐は、〝モントリオール方式〟を踏襲したといっている。つまり、カナダ万国博の催し物のスタイルを、そのまま大阪万博に持ちこんだのである。だが、「アジアではじめて開かれる」万国博覧会のショウが、すべてアメリカ製、ヨーロッパ製であることは、私たち民族の恥辱ではないだろうか？　万国博をおとずれる外国人は、そこでイブ・モンタンがうたい、「オクラホマ」が上演され、ロックン・ロールが演奏されているありさまを、なんと見るであろう？　週刊サンケイ記者と、渡辺美佐の一問一答――。

――万博が無事終ったあと、芸能コンツェルンのナベ・プロには、〝呼び屋〟としての実力が残りますね？」

美佐「それは、その……（考えた）やっぱりやり終えたら、それだけの実力はつくんじゃないですか。でも（また考えた）、いままで手をつけなかった〝呼び屋部門〟を開業するつもりはありません」

（ナベ・プロはすでに呼び屋業務に手をつけて、ガテリーナ・バレンテを呼んでいるにもかかわらず、美佐はそう答えている）

――日本のタレントの出る幕は？

美佐「あると思いますね」

日本万国博ニュース17号によると、「たとえば、ヨーロッパの有名な交響楽団が日本の古典を演奏し、それにあわせて歌舞伎俳優が舞うといった具合に、東西の芸術が交流調和する場面も、ふんだんに見られることでありましょう」とある。私たちは、そんな場面を見たいとは決して思わない。何が東西芸術の交流であり、調和であるものか！　前にかかげた、ナベ・プロのお粗末な「企画書」が堂々と通用するのも、こうした万国博関係者の文化的知能程度の低さによる。吉永小百合、坂本九を〝万国博覧会政府出展懇談会〟メンバーに加えるという安手な感覚が、ここでは「渡辺美佐さんの国際的な芸能マネージャーとしての手腕に、絶対の信頼を置いて、娯楽催し物の企画一切をお任せした」（石坂泰三会長）ということになる。かくて、渡辺プロダクション副社長・渡辺美佐は、勇躍、モントリオール万博の視察に飛び立った……。

私たちは、そろそろこのレポートを、しめくくらなくてはならない。敗戦直後の混乱と無政府状態の中で占領軍に寄生して誕生した〝芸能プロ〟は、ついに政・財界の頂点と結びついて、一九七〇年（それは安保条約自動延長の年である）における、体制擁護の一環をになうところまで発展してきた。渡辺晋・美佐夫妻が築き上げたタレント帝国は国家権力とむすびつき、その文化政策のエージェントとしての役割りを、マスコミ時代、芸能時代の狂躁の中で、日々に果している。私たちはその生成発展の過程と、収奪の内幕とを可能なかぎり調べあげ、実証した。

私たちが、このレポートを私怨、あるいは単なる興味本位の暴露を目的として書いたのではないことを、読者のみなさんに理解していただきたいと思う。はじめに述べたように、私たちが明らかにしようとしたのは、芸能における搾取の実態であり、スターという〝虚像〟の本質であった。その輪郭をより鮮明にするため、私たちはあえて個人名をあげて、スキャンダラスな内情を暴くことを辞さなかった。いわゆる〝良識派〟の人びとにとって、このレポートは、眉をひそめさせるたぐいのものであり、とりわけ芸能人諸氏には、毒々しい中傷と偏見にみちた書物だと受けとられるだろう。だが、私たちは、真実しか書かなかった。そして、それが正義であるか否かは、読者のみなさんの判定にゆだねられる。私たちの作業を、価値ありと判断していただけるなら、幸いである。

末尾に付していうならば、このレポートが公刊されるまでには、いくたの曲折があり、障害があった。「探訪の会」という若いルポライターのグループと新聞・雑誌社に籍をおく芸能記者の諸君が共同してナベ・プロの内幕を暴く〝インサイド、レポート〟を書く計画を立てたのは、昨六七年の七月だった。週刊誌「女性自身」に十回連載し、その上で一冊の書物にまとめる当初の予定であった。ところが、同誌の編集部と歌材グループとの間に意見の相違が生じ、しかも、ジャニーズ〝同性愛裁判〟の記事をめぐって、渡辺プロダクションと同誌の間にもトラブルが起り、その二重の紛争の結果、連載はたった二回で終ってしまった。——第一の挫折である。

取材グループは、「女性自身の」バック・アップによる経済的な裏づけを失って、十二名から六名に半減した。竹中労が出版計画に〝協力者〟として参加したのは、その時点においてである。当時、京都府制百年記念映画「祇園祭」の製作準備に没頭していた竹中としては、取材費の調達と出版社の交渉をひきうけることになった。いわば側面から、取材グループを援助する立場であった。

しかし、十一月になると、グループの中心であった某紙文化部のX記者、芸能週刊誌のY記者、音楽評論家Z氏の三人が、それぞれ「やむを得ない事情」で取材をおりることになった。X・Y両記者の場合は、社の上層部から圧力をかけられたためであり、Z氏は、長期かつ無報酬の取材活動に耐えられないという理由からであった。端的にいえば――、ナベ・プロの妨害工作に屈伏したのである。X記者は、渡辺美佐から〝警告〟されたその翌日、デスクから大阪への転勤をほのめかされたという。Y記者の勤務する週刊誌では、日常〝アンチ・ナベ・プロ〟と目されている記者は、編集局長に個人的に呼ばれて「社の経営にかかわる問題であるから、軽挙盲動をつつしむように」と申し渡されたという。両君だけではなく、取材グループとまったく無関係の音楽記者、芸能記者にも〝被害〟がおよんだ。

かくて第二の挫折にみまわれ、グループに「探訪の会」伊豆きを子、佐藤潔、堀田希一……三君を残すのみとなった。取材、出版はもはや絶望的であった。しかし、三人の若いルポライター諸君はあきらめようとしなかった。たまたま、「祇園祭」製作に関する志を異にして、竹中労がその製作主体である〝日本映画復興協会〟の役員を辞任するという事態になったので、このレポートの完成に全力をそそぐことが可能になった。竹中事務所・遠藤のり子、矢野嘉之(カメラマン)が参加して、六名の取材グループが再発足した。六七年暮、キューバ政府から招待されて竹中は日本を離れ、その間に三人のルポライターが〝第一稿〟をまとめることになった。したがって、この書物の公刊は、伊豆、佐藤、堀田三君の〝初志〟に負うのである――。

取材費は、竹中の旧著「処女喪失」を現代書房から再版して、その印税をあてることになった。たびたび私事にわたって恐縮だが、「祇園祭」製作準備のために、百万円以上の負債を背負った竹中事務所としては、まさに火の車、背水の陣の取材体制であった。さいわい、これも竹中の旧著「美空ひばり」残本二千五百部を、大阪労音事務局に買いとってもらうことができたので、印税と合計七十万円の取材費を調達することができた。〝資金工作〟の内情を公開するのは、スポンサーやヒモつきの取材ではないことを、明らかにしたいからである。このレポートの出版をめぐって、いくたのデマが流され、中にはナベ・プロを私たちが恐喝して、数百万円の〝沈黙料〟を略取したなどという悪質な中傷をふりまくものまであったのである。

ともあれ私たちは、このレポートの出版に一切をかけねばならなかった。ことし一月、キューバから帰った竹中は、あらためて取材プランを立て、三カ月間をデーターの検討、整理、補足、再取材についやし、〝決定稿〟完成に集中した。その間に、暴力団柳川組に連累して木倉事務所が摘発される事件などがおこり、原稿は朱筆で真赤になり、いくどか書き直さなければならないという作業がくりかえされた。そうした苦闘の中で、経済的に窮迫した堀田希一君は家庭に事故がおこり、病身の細君と一見をかかえて故郷の北海道にいったん引きあげるといった、さんたんたる情況もあった。

かえりみていえば、渡辺プロダクションの取材は、私たちの手にあまる難事業だった。取材最終段階の三月上旬から四月にかけての状態は、事務所の家賃を滞納し、電話も切られてしまうところまで追いこまれた。第三の挫折、第四の挫折が経済的にみまって、竹中としては京都の持ち家（東映俳優労働組合の事務所）を手離す決心までしなくてはならなかった。読者のみなさんは、こっけいに思われるかも知れない。そんな内幕を、ことさら公開することはないと思われるだろう。が、私たちマスコミ・ゲリラが一冊のレポートを公刊するのには、それだけの犠牲を負わねばならないということを、どうしても付言しておきたかったのだ。いわば独立プロの映画づくりに似た労苦というものが、私たちフリーのジャーナリストにもあるのだ。ようやく完成した原稿を読みかえして、はたしてその苦労に見合った内容を、このレポートが持つことができたかどうか？　心もとない。しかし、ここに総括された文章の一行、一字に、血のにじむ〝労働〟の積み重ねがあるのだということを、読みとっていただけたなら、私たちは満足なのである。

一九六八年六月十日

竹中　労

伊豆　きを子
遠藤　のり子
佐藤　潔
堀田　希一

矢野　嘉之

註釈

＊1　恤兵部
恤兵は戦地への慰問や慰問で送られるもので、その管理などを行っていた。慰問雑誌を発行したり、映画なども製作した。

＊2　置屋
芸者や遊女を抱えている家のこと、芸者屋、遊女屋などとも。料亭・待合・茶屋などの客の求めに応じて芸者や遊女を差し向ける。これに料理屋と待合茶屋や貸座敷を加えて三業といい、三業地（花街、遊廓、色街など）と呼ばれた。

＊3　在外同胞救出学生同盟
戦後、外地の引き揚げ者をケアするための学生ボランティア組織。「在外父兄救出学生同盟」というのもあり、こちらは外地に取り残された人々の子弟で、終戦当時内地にいた学生が中心になって結成し、引揚者の援護と引揚げの促進運動を行った。各地にあり、両者が同一のものかは不明。

＊4　講和条約＝日本国との平和条約。通称、サンフランシスコ平和条約。1951年9月8日にアジア太平洋戦争に関連して連合国諸国と日本との間に締結された平和条約。日本の主権を承認し、これによって連合国との間の「戦争状態」が終結した。しかし、ソ連と東欧諸国はアメリカ軍の駐留継続に反対して条約に署名せず、やインド、ビルマ、中国（中華民国）など会議欠席や本国議会で承認されない国もでた。そのため、「片務条約」として反対運動も起こった。

＊5　鹿地亘の監禁事件
小説家の鹿地亘が1951年から52年にかけてGHQを構成するアメリカのキャノン機関（秘密情報機関）に拉致監禁された事件。鹿地は戦時中、中国で日本人民反戦同盟をつくって活動しており、中国共産党の関係者と知人関係にあったことや、ソ連と接触があると考えスパイとして利用しようとしたと言われている。

＊6　ジラード事件
日米政府間では、「密約で、傷害致死より重い罪は問わないことで合意ができている」という国務次官補の覚書があった。

＊7　嶋中事件
風流夢譚事件とも。『中央公論』1960年12月号に、〈日本に革命が起り、暴徒のため皇族一家が虐殺される有様を夢物語として描写する〉深沢七郎の小説「風流夢譚」が掲載されたことに対して、「皇室に対する冒涜」と右翼が中央公論社へ抗議し、大日本愛国党の少年が61年2月1日同社社長宅に侵入、応接に出た同社社長夫人をナイフで刺し、制止しようとした同家の家事手伝いの女性を刺殺した事件。

＊8　浅沼刺殺事件
1960年10月12日に当時、日本社会党委員長浅沼稲次郎が刺殺された事件。浅沼は、安保闘争後初の総選挙のために東京・日比谷公会堂で開かれた自由民主、日本社会、民主社会三党首立会い演説会で演説中、17歳の右翼団体団員山口二矢に脇差で刺され即死した。安保闘争の高揚に焦りを感じた右翼が引き起こした一連のテロ事件の頂点をなすもの。

＊9　ソドムとゴモラ
聖書に登場する都市。旧約聖書『創世記』において、天からの硫黄と火によって滅ぼされたとされ、悪徳や頽廃の代名詞として使われる。

50年以上の年月を経ても変わらない「芸能の論理」から現代を考える

本書は１９６８年（昭和43年）に刊行され、復刻の要望も多かったものの、なかなか実現しませんでした。その原因として、具体的な芸能プロの内幕やタレントのギャラについて、こと細かに書かれている点があります。それについて、実に下世話な内容だと思う方もいるかも知れません。ただ当時は、皆がこうした芸能プロの仕組みを知らず、ここまでデータを明らかにしなくては、当時の渡辺プロダクションおよびその関連企業の実情を理解しにくいと考えたことがあるのではと思われます。今回の復刻にあたりましては、刊行時から相当時間が経過していることもあり、あくまで当時のデータとして、当時のことを知っている方は懐かしく、知らない方は当時の状況に思いを馳せながら読み進めていただければと思っております。

そんな中、２０２３年になってイギリスＢＢＣのドキュメンタリー放送をきっかけとして、ジャニー喜多川氏の所属タレントに対しての行動が問題視され、思わぬところから当時の「ジャニーズ」に対する彼の行為を記録したこの本が注目されることになりました。その内容は当時の記録として貴重ですが、本来この本で著者が訴えたかったことは「芸能における搾取の実態」と「スターという虚像の本質」が何であるか？　ということにあることも、忘れないでいただきたいと思います。

この本が世に出てから55年という歳月が経過しているわけですが、今でも個人タレントの力が弱いという現状はそのままです。さらには、大手所属のタレントが不祥事を起こしてもマスコミは一切報じないとか、大手事務所がテレビ局に自前のタレントをねじ込み、他社所属タレントのキャスティングに文句を付け、それに反発すると、反発した人や対抗するタレント自体にも圧力をかけるような事例は、今でもあまり変わっていません。

本来、タレントとは才能ある人のことであり、そうした才能を持つ人が脚光を浴びるようになることがショービジネスの世界で当たり前でなくては、見る側も最高のエンターテイメントを楽しむことができなくなります。イギリスでは有名なオーディション番組において、ポール・ポッツ氏やスーザン・ボイル氏が世界的な話題となりましたが、日本では同じフォーマットを使っても彼らのような才能を世に送り出すことは難しいのではないでしょうか。明らかに才能を持っていてもそんな人を世に埋もれさせてしまうことなく、きちんと世の中に出してあげるためにはどうすればいいのか。イギリスと日本との「差」はどこにあるのか、本書を読んだ方ならきっと十分に理解していただけるのではないでしょうか。

また、本書の内容は、芸能の世界だけにとどまるものではありません。芸能人も私たちも同じように働き、賃金を得ているわけですが、それが中抜きされたり、きちんと払われなかったりした場合は同じように異議申し立てをする権利があります。それは一般の社会と変わることはありません。さらに言うと、昔も今も政治家の力を利用して各方面に圧力を掛けてくるのは芸能プロだけではありません。当時の芸能マスコミを含め、関わった人たちが未だ口をつぐんでいる現状について、今も竹中労さんの問いかけが続いているからこそ、当時と同じような理不尽なことがあちこちで起こり続けているのではないでしょうか。目の前の不正にどう対処するか、一人ひとりの考えが問われているのが今の時代ではないかと思うのです。

著者の竹中労さんはアナキストと称し、左翼として発言してきました。今ではこうした「左」という言葉自体に反発を覚える方もいるかも知れませんが、才能のある人を世に出したり、労働者が法に則った賃金を要求することは思想とは関係なく、至極まっとうな話であることに異論を挟む余地はないはずです。本書には言葉遣いなど、現代の判断において時代的に合わない部分もあるかと思いますが、著者がこの本で何を言いたかったのかを考えながら読んでいただければ幸いです。

夢幻工房の会

竹中　労（たけなか ろう）

1930 年生まれ。91 年死去。フリーのルポライターとして活躍。政治から芸能まで広い分野をテーマに、権威とは無縁な時代の心性を掘り起こす文章は、竹中節として多くの読者を魅了した。父親は画家の竹中英太郎。主な著書に『黒旗水滸伝』『山谷・都市反乱の原点』『琉球共和国』『世界赤軍』『ビートルズ・レポート』『にっぽん情哥行』等多数。

復刻版　タレント帝国

2024 年 4 月 1 日　第 1 刷発行
著　者　竹中　労
発行者　岡林信一
発行所　あけび書房株式会社
〒 167-0054　東京都杉並区松庵 3-39-13-103
☎ 03.-5888-4142　FAX 03-5888-4448
info@akebishobo.com　https://akebishobo.com

印刷・製本／西崎印刷
ISBN978-4-87154-262-3　C0036

あけび書房の本

間違いだらけの靖国論議

三土明笑著　靖国問題について、メディアに影響された人々が持ち出しがちな定型化した質問をまず取り上げ、Q&A形式で問いに答えながら、本当の論点をあぶり出し、そのうえで体系的に記述する。

2200円

毎日メディアカフェの9年間の挑戦

人をつなぐ、物語をつむぐ

斗ヶ沢秀俊著　2014年に設立され、記者報告会、サイエンスカフェ、企業・団体のCSR活動、東日本大震災被災地支援やマルシェなど1000件ものイベントを実施してきた毎日メディアカフェ。その9年間の軌跡をまとめる。

2200円

PTSDの日本兵の家族の思い

PTSDの復員日本兵と暮らした家族が語り合う会編　「あったことをなかったことにしたくない」。〝記録〟されなかった戦争のトラウマ。戦後も終わらない戦争の〝記憶〟を生きた元兵士の存在。家族の証言で史上初めて日本社会に投影する。

1320円

震災の後、コロナの渦中、「戦争前」に

翻弄されるいのちと文学

新船海三郎著　3・11東日本大震災と福島原発事故後を、新型コロナパンデミックに撹拌される差別意識を、「新しい戦前」のきな臭さを、文学作品に読み、それでいいのか、と問い返す文芸評論集。

2200円

価格は税込